KB047059

급할 때 바로 찾아 말하는

시원스쿨 **여행**베트남어

S 시원스쿨닷컴

급할 때 바로 찾아 말하는

시원스쿨 **여행베트남어**

초판 1쇄 발행 2018년 8월 10일
개정 1쇄 발행 2023년 8월 18일

지은이 이수진 시원스쿨어학연구소
펴낸곳 (주)에스제이더블유인터내셔널
펴낸이 양홍걸 이시원

홈페이지 vietnam.siwonschool.com
주소 서울시 영등포구 국회대로74길 12 시원스쿨
교재 구입 문의 02)2014-8151
고객센터 02)6409-0878

ISBN 979-11-6150-748-4 13730
Number 1-420505-22220400-04

머리말
이 책을 내면서…

    한국과 베트남 두 나라가 수교한 지도 25년 이상 되었습니다. 하지만, 시중에 나와 있는 베트남어 도서는 다른 언어에 비해 현저히 적다는 것을 알 수 있습니다. 특히, 다낭, 호찌민, 하노이 등 베트남으로 여행 가는 관광객이 늘어나는 추세임에도 불구하고, 여행 관련 책 역시 많지 않습니다. 그래서 필자는 베트남으로 여행 가는 여행객을 위한 맞춤형 책을 집필하기로 결심했습니다.
남녀노소 누구나 들고 다니며 편하게 볼 수 있는 여행책을 만들겠다는 한 가지 목표 만으로 만든 책이 『여행 베트남어』 입니다.

    필자는 감히 이렇게 말씀드릴 수 있습니다.
    "베트남 여행을 어느 곳으로 가느냐도 중요하지만, 어떤 책을 들고 가느냐도 여행을 재미있게 즐기는 하나의 팁이라고…"
여행지에서는 종종 생각지도 못한 일들이 생기고는 합니다. 이럴 때 바로바로 찾아 사용할 수 있는 『여행 베트남어』 책이야 말로 여행자들이 꿈꿔온 여행책이지 않을까 합니다.

    베트남 이곳저곳을 여행하며, 제가 겪은 경험을 바탕으로 문장을 구성했습니다. 독자 여러분들에게 정말 강력히 추천해 드립니다.
『여행 베트남어』 책으로 즐거운 여행 어떠세요?

시원스쿨 베트남어
대표 강사 이수진

『시원스쿨 여행 베트남어』는
다음과 같은 생각에서 만들었습니다.

『여행 베트남어』 책은 베트남어를 배우는 책이 아니다!

베트남어의 기본적인 원리를 알고 익히려면 적게는 2개월에서 많게는 1년 정도가 걸린다.

『여행 베트남어』 책에 베트남어의 원리를 나열한다면 이 책의 두께가 지금의 3배는 되어야 할 것이다.

현실적으로 들고 다닐 책으로는 적합하지 않게 된다.

그러면 여행까지 3개월 정도의 시간을 앞둔 우리에게 현실적으로 필요한 책은?

빨리 찾을 수 있는 책이어야 한다.
그 순간이 왔을 때 바로바로 눈에 문장들이 들어와야 한다.
이 책은 상황 → 단어 → 문장으로 연결된 여행 베트남어책이다.
상황 속에 포함된 단어를 떠올리고 그 단어에 쓰인 문장을 바로 찾을 수 있게 했다. 이 책의 유일한 목표는 빨리 찾아 말하게 하는 것이다.
여행지에서 당황하지 않고, 빨리빨리 찾아 말할 수 있는 활용도 높은 여행책!

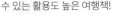

『시원스쿨 여행 베트남어』
100% 활용하는 법

색인 미리 보는 여행 베트남어 사전

단어와 문장만 순서대로 모아 놓은 색인, 모든 상황의 핵심 회화 표현이
가나다 순서로 되어 있어 필요한 문장을 빠르게 찾을 수 있다.

Step 1 여행지에서 겪을 수 있는 10가지 상황과 10개의 PART

Step 2 각 상황별로 필요한 단어의 사전식 구성

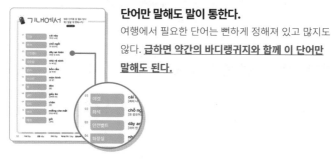

단어만 말해도 말이 통한다.

여행에서 필요한 단어는 뻔하게 정해져 있고 많지도
않다. **급하면 약간의 바디랭귀지와 함께 이 단어만
말해도 된다.**

Step 3 해당 단어의 번호를 따라 문장 찾기

급할 때 빨리 찾아 읽는다.

1. 각 단어 옆에 표기되어 있는 번호 대로 옆 페이지를
   따라가 보면 문장을 찾을 수 있다. 언제 어디서든
   필요한 문장을 몇 초 안에 찾을 수 있다.

2. 여행에 필요한 상황은 총 10가지. 어떤 페이지를
   펼치더라도 필요한 상황으로 빨리 넘어가도록 표시
   되어 있다.

할 말은 합니다.

여행하다 보면 어느 곳을 가든 claim(클레임)을 할 상황들이 생기게 마련이다. 이때 말이 안 통한다고 불이익을 당하기만 할 순 없는 법! 적절한 표현들을 에피소드로 엮어 재미있게 읽을 수 있다.

Step 4 실제로 듣고 말해서 실전 감각 익히기

원어민이 녹음한 MP3 음원을 제공해 듣고 말하는 연습을 하여 실전 감각을 익힐 수 있다.

함께 활용하면 효과가

『시원스쿨 여행 베트남어』 무료 제공!

1. 원어민이 녹음한 'MP3 음원' 제공
2. 활용도 높은 표현만 수록한 '여행 표현 PDF' 파일 무료 제공
3. 이수진 선생님의 '저자 직강' 강의 제공 (1, 2, 3, 4강 등 일부 강의만 무료 제공)

MP3 음원, 여행 표현 PDF, 일부 강의가 무료 제공됩니다.

목차 CONTENTS

미리보는 여행 베트남어 사전

• 필요한 단어와 문장이 한글 순서로 제시되어 있어요.
• 원하는 문장을 골라 바로 찾을 수 있어요.

ㄱ

ㅈ

ㅊ

ㅎ

여권

■ 여권이란

여권은 소지자의 국적 등 신분을 증명하는 공문서의 일종으로, 1회에 한하여 외국 여행을 할 수 있는 단수여권과 유효기간 만료일까지 횟수에 제한 없이 외국 여행을 할 수 있는 복수여권이 있습니다.

■ 전자 여권이란

전자 여권이란 여권 내에 칩과 안테나를 추가하고 개인정보 및 바이오 인식 정보를 칩에 저장한 기계 판독식 여권을 말합니다. 여권의 위 변조 및 여권 도용 방지를 위해 우리나라는 2008년부터 일반 여권을 전자여권 형태로 발급하고 있습니다.

■ 여권 발급

1. 필요한 서류

여권 발급 신청서, 여권용 사진(6개월 이내 촬영한 사진) 1매, 신분증

※ 여권 사진 규정
- 규격은 가로 3.5cm, 세로 4.5cm
- 6개월 이내 촬영한 사진이어야 하며, 정면을 응시하여 어깨까지 나와야 한다.
- 뒤의 배경은 흰색이어야 한다.
- 복사한 사진, 포토샵으로 수정된 사진은 사용할 수 없다.
- 모자나 머플러 등의 액세서리는 착용해선 안 되고 안경 착용 시 빛 반사에 유의해야 하며 컬러렌즈는 착용 불가하다.
- 귀가 노출되어 얼굴 윤곽이 뚜렷이 드러나야 한다.
- 유아의 경우도 성인 사진 규정과 같으며, 장난감이나 보호자가 사진에 노출되지 않아야 한다.

■ 베트남에서 여권 분실 시 절차

1. 여권 분실 지역 관할 경찰서에 방문하여 여권 분실신고 후 분실신고서 (도난리포트) 발급

이름, 베트남 입국 이유, 숙소, 분실장소 등 작성

※ 주의 - 관할 지구대가 아닌 경우 분실신고 접수를 거부하는 경우가 많습니다.
베트남 현지인의 진술이 필요할 때도 있음 (호텔이나 숙소 직원에게 도움 요청 가능)베트남 사람과 동행하는 것이 좋습니다.

2. 여권 사진 촬영(여분의 여권 사진이 있다면 패스)

3. 주베트남 대한민국 대사관 영사부에서 여행증명서 발급

급히 귀국하거나 제3국으로 여행할 경우에는 여행 증명서를 발급받아야 합니다.

※ 주말에는 영사관을 운영하지 않습니다.

※ 점심시간을 피해서 갑시다. 12:00 ~ 14:00

※ 여행 증명서를 인정하지 않는 국가가 있을 수 있으므로 대사관 직원과 상의해야 합니다.

구분		
발급기관	주 베트남 대한민국 대사관(하노이)	주 호치민 대한민국 총 영사관
비용	USD 25	USD 7
소요기간	1일	
문의전화	+84 (024) 3771-0404	+84 (028) 3822-5757
위치	SQ4 Diplomatic Complex, Do Nhuan St, Xuan Tao, Bac Tu Liem, Hanoi	107 Nguyen Du, Dist 1, TP. Ho Chi Minh

※ 여행 증명서 신청 서류

① 여권 분실 신고서 (첨부 또는 당관 비치) 작성 ※ 영사민원24 온라인 분실 접수 가능

② 여권 발급 신청서 (첨부 또는 당관 비치) 작성

③ 구 여권 사본, 없을 경우 한국신분증(주민등록증 또는 운전면허증) 사본 가능

④ 여권사진 2매(3.5 X 4.5cm, 얼굴크기 3 ~ 3.5CM, 흰색 배경)

4. 현지 출입국 관리소 방문해 출국비자(Exit Visa) 발급받음 (여행 증명서로 출국하려면 비자 필요)

구분		
발급기관	하노이 출입국사무소	호치민 출입국사무소
비용	USD 35 ~ USD 45	
소요기간	약 1주	
문의전화	+84 (024) 382-4026	+84 (028) 3920-1701
위치	44-46 Tran Phu St, Quan Ba Dinh, Ha Noi	333-335-337 Nguyen Trai, P.Nguyen Cu Trinh, Dist 1, TP. Ho Chi Minh

※ 출국 비자 신청 서류

① 주재국 공안의 확인을 받은 분실신고확인서 원본

② 재발급 받은 여권 또는 여행증명서(T/C)

③ 대사관의 여권분실에 대한 확인공문

④ 항공권- 긴급히 출국이 필요한 대상자에 한함

비자

■ 비자란

국가 간 이동을 위해서는 원칙적으로는 사증(입국허가)이 필요합니다. 사증을 받기 위해서는 상대국 대사관이나 영사관을 방문하여 방문 국가가 요청하는 서류 및 사증 수수료를 지급해야 하며 때에 따라서는 인터뷰도 거쳐야 합니다.

■ 비자 없이 입국이 가능한 국가

비자 발급의 번거로움을 없애기 위해 사증 없이 입국할 수 있도록 협정을 체결하기도 한다.

90일	아시아	뉴질랜드, 말레이시아, 싱가폴, 태국, 홍콩, 일본, 대만, 마카오 등
	미주	멕시코, 베네수엘라, 브라질, 아이티, 우루과이, 자메이카, 칠레, 코스타리카, 콜롬비아, 페루, 과테말라, 도미니카, 아르헨티나 등
	유럽	영국, 이탈리아, 그리스, 스위스, 스페인, 네덜란드, 독일, 스웨덴, 핀란드, 룩셈부르크, 벨기에, 오스트리아, 체코, 포르투갈, 폴란드, 독일, 노르웨이, 덴마크, 아이슬란드, 아일랜드, 터키, 헝가리, 슬로바키아, 루마니아, 불가리아, 러시아 등
	중동 · 아프리카	모로코, 라이베리아, 이스라엘 등
15일		라오스, 베트남, 괌 등
30일		필리핀, 팔라우, 오만, 몽골, 남아프리카공화국, 튀니지, 파라과이 등
기타		북 마리아나 연방(사이판, 45일), 피지(4개월), 캐나다(6개월)

＊베트남은 무비자 15일 국가로 다른 무비자 국가에 비해 길지 않습니다.
  또한 무비자로 연속 입국은 안 되므로 무비자로 다녀오시면 30일이 지나야 재입국이 가능합니다.

■ 비자를 발급받아야 입국이 가능한 국가

국가별로 비자를 발급받는 시점도 다르고 수수료도 다르며 해당국의 사정에 따라 사전 고지 없이 변경될 수 있으므로, 여행 전 반드시 해당 국가 공관 홈페이지 등을 통해 내용을 확인해야 한다.

환전하기

■ 환율을 꼼꼼히 살펴보자!

환율은 하루에도 수십 번 바뀌기 때문에 타이밍이 중요합니다. 은행들이 환율 변동 흐름을 수시로 파악하고 적정한 환전 시점을 포착하는 데 도움을 주는 서비스를 무료로 제공하고 있습니다.

■ 인터넷 환전을 이용하자!

인터넷 환전의 경우 수수료 할인이 높기 때문에 더 경제적입니다.

■ 공항에서 최소한의 환전을 한 후 시내 은행, 금은방에서 환전

베트남 공항에는 환전할 수 있는 곳이 정말 많습니다. 공항에서는 숙소까지 가는 택시비 정도 환전하고 나머지 돈은 시내에서 환전하는 것이 좋습니다. 공항, 은행 및 귀금속상점 등에서 환전할 수 있습니다.

■ 찢어진 지폐는 사용 불가!

찢어진 지폐는 거부하고 돈을 받을 때 꼭 지폐의 상태를 확인해야 합니다.

☑ 알고 가면 좋은 환전 팁✎!

　⤷ 원화 ⇒ 달러 ⇒ 베트남 동으로 이중 환전을 하는 것이 유리!
　　베트남 동은 달러나 엔화처럼 시중은행에서 취급하는 곳이 많지 않습니다.
　　은행 방문 전 동을 보유하고 있는지 확인할 필요가 있으며, 베트남 동은 주요 통화들보다 우대율이 높지 않습니다. 달러로 환전을 하면 환율 우대도 받을 수 있으므로 달러로 환전하는 것을 추천하며 베트남에서 달러를 동으로 환전할 때 낮은 단위의 돈은 환율이 높지 않기 때문에 100달러로 환전해가는 것이 좋습니다.

▪ 필요할 때마다 조금씩 환전하자!

베트남 동을 너무 많이 환전하면 돈이 남는 경우가 많습니다. 한국으로 가져가서 환전하면 제값을 못 받으니 필요한 만큼만 환전합니다.

▪ 위조지폐 구별법!

✱지폐를 불빛에 비춰보면 호찌민 주석의 워터마크가 나타나지 않는다면 위조지폐

✱지폐의 투명한 부분에 인쇄된 숫자가 선명하지 않으면 위조지폐

▪ 알고 가면 좋은 베트남 동의 특징!

1. 베트남 화폐 단위는 "동"

베트남 동은 đ 라고 표시하며 ISO 4217 (국제 표준화 기구가 정의한 통화코드)로는 VNĐ 라고 표시합니다.

2. 동전은 없고 지폐만 사용하는 나라

원래 베트남은 동전을 사용하였으나, 사용이 불편하고 국민들이 선호하지 않아 2011년 4월부터 발행이 중지되었습니다. 현재 베트남에서는 지폐만을 사용하고 있습니다.

지폐는 100동, 200동, 500동, 1,000동, 2,000동, 5,000동, 10.000동, 20.000동, 50.000동, 100.000동, 200.000동, 500.000동으로 구성되어있으나 최근에는 인플레이션으로 100동, 200동, 500동을 제외한 9개 지폐만을 사용하고 있습니다.

3. 베트남 지폐 앞면에는 호찌민 주석의 그림이, 뒷면에는 지폐별로 베트남을 상징하는 장소가 그려져 있습니다.

1,000동 ···

• 할 수 있는 것 : 자전거 주차료, 작은 설탕 등 …

2,000동 ···

• 할 수 있는 것 : 오토바이 주차료, 설탕 등 …

5,000동 ···

• 할 수 있는 것 : 과자, 스낵, 라면 등 …

10,000동 . . . .

- 할 수 있는 것 : 간단한 아침 식사(아침 : Banh Mi),
  과자, 커피, 생수 등 …

20,000동 . . . .

- 할 수 있는 것 : 노점의 밀크티, 먹거리 음식 등 …

50,000동 . . . .

- 할 수 있는 것 : 쌀국수, 분짜 등 …

100,000동 . . . .

- 할 수 있는 것 : 스타벅스 커피, 공차, 하루의 요리
  재료 등 …

200,000동 . . . .

- 할 수 있는 것 : 한국의 25,000원~ 30,000원 정도
  쓸 수 있음(한국에서 쓰는 기준)

500,000동 . . . .

- 할 수 있는 것 : 한국의 50,000원 정도 쓸 수 있음
  (한국에서 쓰는 기준)

. . . .

4. 베트남의 화폐는 단위가 매우 크기 때문에 계산이 어려울 수 있습니다.

원화 1,000원 ⇒ 베트남 동 ⇒ 20,000동이므로 베트남 동의 일의 자리 0을 빼고 반으로
나누면 한국 돈으로 계산할 수 있습니다.

☑ 알고 가면 좋은 계산하기 팁↘

↳ 예 **10,000동**

　　1. 베트남 동의 일의 자리 숫자 0을 뺀다.

　　2. 1,000동을 2로 나눈다.

　　3. 10,000동 = 500원

짐 꾸리기

안전하고 즐거운 여행을 위해 꼭 필요한 짐과 불필요한 짐을 나눠 효율적으로 꾸리는 것이 좋습니다. 그런데 여행하는 곳이 국내가 아닌 해외라면 더 신경 써서 준비해야 할 것들이 많습니다.

■ 짐 싸기 노하우

- 수화물로 부칠 여행용 한 개, 휴대용 가방 한 개를 준비합니다.
- 무거운 짐은 아래쪽으로, 가벼운 짐은 위쪽으로 넣습니다.
- 옷은 찾기 쉽게 말아서 넣습니다.
- 비상약, 속옷, 화장품 등은 아이템 별로 주머니에 담습니다.
- 화장품은 샘플이나 미니사이즈를 활용합니다.
- 나라별로 콘센트를 확인하여 어댑터를 준비해야 합니다.

  - 베트남은 우리나라와 같이 220v를 사용합니다. 우리나라 플러그 모양과 다르지만, 별도의 장치(어댑터) 없이도 사용 가능합니다.
  - 베트남 호텔은 콘센트가 많지 않은 편이니 혼자 가는 여행이 아니라면 멀티탭을 챙겨가는 것이 좋습니다.

■ 수화물 준비 방법 및 유의 사항

- 다용도 칼, 과도, 가위, 골프채 등은 휴대 제한 품목으로 분류되어 기내로 반입할 수 없으므로, 부칠 짐에 넣습니다.
- 라이터, 부탄가스 등 폭발 가능성이 있는 물건은 운송 제한 품목으로 항공기 운송이 금지되어 있어 짐으로 부칠 수 없습니다.
- 파손되기 쉬운 물품이나 부패하기 쉬운 음식물, 악취 나는 물품 역시 부칠 수 없습니다.

■ 무료 수화물 허용량

여정, 좌석의 등급에 따라 짐의 크기 및 무게가 다르게 허용되므로 출발 전 조건에 맞는 무료 수화물 허용량을 확인하는 것이 좋습니다.

일반석의 경우 무게가 23kg 이내, 크기가 세 변의 합이 158cm 이내인 짐 한 개를 무료로 맡길 수 있고 이를 초과할 경우 금액을 지급해야 합니다.

■ 기내 반입 가능한 수화물의 크기와 무게

일반석의 경우 크기가 55x40x20(cm) 또는 세 변의 합이 115cm 이하여야 하며, 무게는 12kg까지 가능합니다. 개수는 이 외에 한 개 추가 허용이 가능합니다.

(노트북 컴퓨터, 서류 가방, 핸드백 등)

■ 여행 준비물 체크리스트

휴대용 가방

- ☐ 항공권
- ☐ 환전한 돈
- ☐ 시계
- ☐ 선글라스
- ☐ 필기구
- ☐ 휴대 전화

- ☐ 여권 비자(복사본 준비)
- ☐ 호텔정보 or 패키지여행 일정
- ☐ 신용카드
- ☐ 선크림
- ☐ 카메라

캐리어(여행용 가방)

- ☐ 카메라 충전기
- ☐ 콘센트 어댑터
- ☐ 수영복
- ☐ 속옷
- ☐ 슬리퍼 및 운동화
- ☐ 휴대용 화장품
- ☐ 여행용 화장품

- ☐ 휴대 전화 충전기
- ☐ 비상약(두통약 해열제 감기약 모기약 등)
- ☐ 양말
- ☐ 트레이닝복 및 여벌 옷
- ☐ 우산
- ☐ 세면도구
- ☐ 여행용 목욕용품

☙ 알고 가면 좋은 짐 꾸리기 팁!

↳ 베트남은 한국 대형마트, 한국 슈퍼마켓이 많습니다. 그래서 짐을 많이 챙겨가지 않아도 웬만한 물건은 베트남 현지에서 쉽게 구할 수 있습니다. 베트남이 동남아시아 국가라 덥기만 하다는 생각은 오산!

남북으로 길게 뻗은 지리적 특성으로 베트남 날씨는 이렇다고 정의하기 어렵습니다. 여행 갈 도시 날씨를 체크해서 옷을 챙겨가는 것이 좋습니다.

출국 절차

■ **공항 도착**

항공기 출발 두 시간 전에 도착하는 것이 좋습니다.

■ **탑승 수속**

항공기 출발 40분 전까지 탑승 수속을 마감해야 합니다. 여권과 탑승권을 제출하여 예약을 확인한 후 좌석을 지정받고 짐을 부칩니다.

■ **출국 수속**

세관 신고　　고가품 및 금지 품목 소지 여부를 신고하는 절차
보안 검색대　위험물 소지 여부를 검사하는 절차
법무부　　　출입국 자격을 심사

■ **게이트 찾기**

항공기 탑승　출국 수속을 마치면 면세 구역에서 쇼핑을 할 수 있고 항공기 시간에 맞춰 게이트를 찾아가면 됩니다. 항공기 출발 30분 전에 탑승을 시작해서 출발 10분전 마감합니다.

입국 절차(현지)

■ 입국 수속

Emigration, Quầy thủ tục (꾸어이 투 뚭)이
쓰여 있는 곳을 찾아갑니다.

*몇 년 전까지 베트남은 입국 신고서를
작성했지만 지금은 작성하지 않습니다.
(2010년 9월 15일부로 한국인 입국신고서 작성 폐지)

■ 짐 찾기

항공편 별로 짐을 찾아야 하는 곳을 전광판을 통해 알려주므로 잘 확인
합니다.

■ 세관 신고

베트남은 세관신고서 작성은 의무가 아니고 자율신고 형식을 취하고
있습니다.

또한 베트남 법규상 베트남인에게 악영향을 끼칠 가능성이 있는 출판물,
사진, 비디오, 서적 등은 반입할 수 없습니다.

☑ 알고 가면 좋은 입국절차 팁!

↳ 베트남은 대한민국 국민이라면 누구나 15일 동안 무비자로 체류 가능합니다.
무비자로 방문한다면 여권 잔여기간이 6개월 이상 남아있어야 합니다. 또한 상황
에 따라 리턴 항공권 혹은 제3국 출국 항공권을 보여달라고 할 때가 있으니 미리
준비해 가면 입국심사 통과에 용이합니다.
무비자로 방문한 후 최소 30일 경과 후 무비자 베트남 재입국이 가능합니다.
30일 이내에 다시 방문해야 한다면 랜딩비자(도착비자)를 발급받아야만 재입국이
가능합니다. 14세 미만 어린이가 혼자 입국하려면 절차가 복잡하니 사전에 필요
서류를 준비해야 합니다.

베트남어 발음

A a	Ă ă	Â â
아	아	어

B b	C c	D d
버	꺼	저

Đ đ	E e	Ê ê
더	애	에

G g	H h	I i
거	허	이

K k	L l	M m
까	러	머

N n 너	**O o** 어	**Ô ô** 오
Ơ ơ 어	**P p** 뻐	**Q q** 꾸어
R r 러	**S s** 셔	**T t** 떠
U u 우	**Ư ư** 으	**V v** 버
X x 써	**Y y** 이	

베트남 바로 알고 가기!

★국명
베트남 사회주의 공화국 (Cộng hoà xã hội chủ nghĩa Việt Nam)

★수도
하노이(Hà Nội)

★최대도시
호찌민시(Thành phố Hồ Chí Minh)

★인구
약 95,414,640명(2017년 기준)

★화폐
Đồng (동), VNĐ - Việt Nam Đồng 비엔남 동

★공용어
베트남어

★주 베트남 대사관 주소 및 연락처
주소 - SQ4 Diplomatic Complex, Do Nhuan St, Xuan Tao, Bac Tu Liem, Hanoi, Vietnam

연락처 - 비자 및 여권 등 영사업무 관련 : +84-24)3771-0404
정무, 경제 관련 : +84-24) 3831-5111

베트남 하면 생각나는 커피!

베트남 커피 문화는 프랑스 문화의 영향입니다. 베트남은 2008년부터 지금까지 지속해서 연평균 100만 톤 이상의 커피를 생산하고 있는 세계 제2의 커피 수출국입니다. 현재 세계 커피 생산량의 20%를 담당하고 있습니다.

베트남은 주로 로부스타 (카페인 함량이 높고 향이 진한 커피) 커피를 생산합니다. 로부스타 커피는 고도가 낮은 지역에서 재배할 수 있으며 기후에 크게 영향을 받지 않아 고산지대가 적은 베트남에 적합합니다. 현재 베트남은 프랜차이즈 커피숍부터 소규모 개인 커피숍까지 대도시에 밀집되어 경쟁 중입니다.

■ 베트남의 연유 커피 (cà phê sữa)

베트남의 대표적인 커피는 cà phê sữa (까페쓰어)입니다. 베트남 원두 로부스타는 진하고 카페인 함량이 높아 아메리카노식으로 마시기엔 사약 같은 느낌일 수 있습니다. 블랙커피일 경우 설탕을 잔뜩 넣고 밀크커피의 경우 연유를 넣어 만듭니다. 베트남 밀크커피에 우유가 아닌 연유를 사용하는 이유는 우유를 구하기 어려웠던 19세기경 적은 양의 우유와 설탕을 끓여 우유보다 유통기한이 긴(약 1년) 연유를 사용했는데, 그 전통이 지금까지 이어져 오는 것입니다. 연유 이외에도 달걀, 요구르트, 치즈, 버터를 넣은 커피도 있습니다. 더운 날씨에 연유 커피 한 잔이면 피로가 풀리는 느낌이 드는데요. 대부분의 베트남인은 커피 한 잔으로 하루를 시작합니다.

■ 베트남의 카페 핀 (cà phê phin)

블랙커피의 경우 종이필터를 사용하지 않고 스텐으로 만든 phin 이라는 도구를 사용합니다. 커피의 향과 더욱 깊은 맛을 낼 수 있기 때문입니다. phin을 사용하여 내린 커피를 선호하기 때문에 베트남인들은 테이크아웃을 하는 것보다 시간을 두고 천천히 커피를 음미합니다.

반드시 알고 있어야 할 필수 회화 표현

☑ 기본적인 인사하기

안녕하세요.	**Xin chào.** [씬 짜오]
잘 가요.	**Tạm biệt.** [땀 비엩]
또 만나요.	**Hẹn gặp lại.** [핸 갑 라이]

☑ 만나서 반갑습니다.

본인보다 나이 많은 남성에게	**Rất vui được gặp anh.** [젇 부이 드억 갑 아잉]
본인보다 나이 많은 여성에게	**Rất vui được gặp chị.** [젇 부이 드억 갑 찌]
본인보다 나이 어린 남녀에게	**Rất vui được gặp em.** [젇 부이 드억 갑 앰]

☑ 통성명하기

이름이 뭐예요?	**Anh tên là gì ạ?** (남성에게) [아잉 뗀 라 지 아]
	Chị tên là gì ạ? (여성에게) [찌 뗀 라 지 아]
제 이름은 수진이에요.	**Tôi tên là Soo Jin.** [또이 뗀 라 수진]

☑ 알아두면 좋은 표현들

행운을 빌어요.	**Chúc may mắn.** [쭙 마이 만]
좋은 하루 보내요.	**Chúc một ngày tốt lành.** [쭙 몯 응아이 똗 라잉]
저는 한국인입니다.	**Tôi là người Hàn Quốc.** [또이 라 응으어이 한 꾸옥]
감사해요.	**Xin cảm ơn.** [씬 깜 언]
천만에요.	**Không có gì.** [콤 꺼 지]
미안해요.	**Xin lỗi.** [씬 로이]
괜찮아요.	**Không sao ạ.** [콤 싸오 아]
좋네요. / 잘됐네요.	**Tốt quá.** [똗 꾸아]
잠깐만 기다려요.	**Xin chờ một chút.** [씬 쩌 몯 쭏]
네. / 아니요.	**Vâng.** [벙] / **Không.** [콤]
알겠어요.	**Tôi biết rồi ạ.** [또이 비엗 조이 아]
다시 한번 말해주세요.	**Làm ơn nói lại một lần nữa ạ.** [람 언 너이 라이 몯 런 느어 아]
천천히 말해주세요.	**Xin anh nói chậm một chút ạ.** (남성에게) [씬 아잉 너이 쩜 몯 쭏 아]
	Xin chị nói chậm một chút ạ. (여성에게) [씬 찌 너이 쩜 몯 쭏 아]

"숫자"를 알면 물건을 쉽게 살 수 있다!

☑ 베트남어 숫자 표현법

1 **một** [몯]	2 **hai** [하이]	3 **ba** [바]	4 **bốn** [본]	5 **năm** [남]
6 **sáu** [싸우]	7 **bảy** [바이]	8 **tám** [땀]	9 **chín** [찐]	10 **mười** [므어이]

TIP !

1부터 10까지 알았으면 11부터 99까지는 숫자를 조합해서 읽으면 됩니다.

예를 들어 11은 10 (mười) + 1 (một) = mười một [므어이 몯]

그러나 0, 1, 5는 발음의 편의를 위해 변형이 있으니 주의해야 합니다.

• 15~95까지 mười năm ⇒ mười lăm (일의 자리를 năm ⇒ lăm으로 사용합니다.)
• 20~90까지 hai mười ⇒ hai mươi (mười 의 성조를 바꾸어 mươi로 사용합니다.)
• 21~91까지 hai mươi một ⇒ hai mươi mốt (일의 자리 một ⇒ mốt으로 사용합니다.)

----

100 **một trăm** [몯 짬]	200 **hai trăm** [하이 짬]	300 **ba trăm** [바 짬]
400 **bốn trăm** [본 짬]	500 **năm trăm** [남 짬]	600 **sáu trăm** [싸우 짬]
700 **bảy trăm** [바이 짬]	800 **tám trăm** [땀 짬]	900 **chín trăm** [찐 짬]

1.000 **một nghìn / một ngàn** [몯 응인 / 몯 응안]	**10.000** **mười nghìn / mười ngàn** [므어이 응인 / 므어이 응안]
100.000 **một trăm nghìn /** **một trăm ngàn** [몯 짬 응인 / 몯 짬 응안]	**1.000.000** **một triệu** [몯 찌에우]

10.000.000
mười triệu
[므어이 찌에우]

주의!
- 십의 단위 숫자에 0이 올 경우 linh [링]

    103 (100 + 00 + 3) một trăm linh ba [몯짬 링 바]
- 백의 단위 숫자에 0이 올 경우 không trăm [콤 짬]

    1039 (1000+000+30+9) một nghìn không trăm ba mươi chín [몯응인 콤 짬 바 므어이 찐]

베트남의 "날짜 표기"

우리나라와 반대로 작은 단위에서 큰 단위로 표기합니다.
문서, 티켓 등 날짜를 확인할 때 헷갈리지 마세요!

Thứ sáu, ngày 2, tháng 3, năm 2018
[트 싸우, 응아이 하이, 탕 바, 남 하이 응인 콤 짬 므어이 땀]
금요일, 2일, 3월, 2018년

일요일	chủ nhật	[쭈 녇]		목요일	thứ năm	[트 남]
월요일	thứ hai	[트 하이]		금요일	thứ sáu	[트 싸우]
화요일	thứ ba	[트 바]		토요일	thứ bảy	[트 바이]
수요일	thứ tư	[트 뜨]				

"인칭대명사"는 꼭 알고 가자!

영어를 배울 때 나는 I, 당신은 you로 간단하게 해결되었던 인칭대명사, 베트남어에서는 상대방의 나이, 성별, 지위에 따라 다양하게 나뉘어 표현됩니다. 베트남어는 인칭대명사를 생략하지 않기 때문에 베트남어를 배우는 외국인은 상대방에 따라 변하는 인칭대명사로 인해 혼란스러워하며 실제 회화에서 본의 아니게 상대방의 기분을 상하게 하는 경우가 있습니다. 이 때문에 인칭대명사를 꼭 이해하고 정확히 사용하는 연습을 해야 합니다.

나 / 저 = I	Tôi [또이]

• 실제 베트남인들은 본인, 상대방의 관계에 따라 '나'를 표현하는 단어가 달라지나 우리는 여행자이기 때문에 낯선 사람 앞 혹은 형식적인 나를 표현하는 Tôi를 사용할 수 있습니다.

	Ông	[옴] 할아버지 혹은 사회적 지위가 높은 남자
	Bà	[바] 할머니 혹은 사회적 지위가 높은 여자
당신 = you	Anh	[아잉] 형 / 오빠, 본인보다 나이많은 남자
	Chị	[찌] 누나 / 언니, 본인보다 나이 많은 여자
	Em	[앰] 동생 (성별구분없음)

• 당신을 나타내는 인칭대명사는 위에 제시된 인칭대명사보다 훨씬 더 다양하고 세분화되어있습니다.

• 첫 만남에는 나이를 모르고 서로 초면이기 때문에 상대방을 높이는 표현을 사용할 수 있습니다.

• 위의 인칭대명사를 미리 암기해 상대방에게 질문을 할 때 '당신'에 해당하는 주어로 사용합니다.

PART 01

기내에서

기내에서

많은 단어를 알 필요 없다
왜? 말할 게 뻔하니까!

T 01-01

01	이것	**cái này** [까이 나이]
02	좌석	**chỗ ngồi** [쪼 응오이]
03	안전벨트	**dây an toàn** [저이 안 또안]
04	화장실	**nhà vệ sinh** [냐 베 씽]
05	변기	**bồn cầu** [본 꺼우]
06	스크린	**màn hình** [만 힝]
07	불	**đèn** [댄]
08	냅킨	**giấy ăn** [지어이 안]
09	담요	**chăn** [짠]
10	안대	**miếng che mắt** [미엥 째 맡]
11	베개	**gối** [고이]

12	기내용 슬리퍼	**dép đi trong máy bay** [잽 디 쩜 마이 바이]
13	헤드폰	**tai nghe** [따이 응애]
14	리모컨	**điều khiển** [디에우 키엔]
15	신문	**báo** [바오]
16	마실 것	**đồ uống** [도 우옹]
17	간식거리	**đồ ăn vặt** [도 안 밭]
18	식사	**ăn cơm** [안 껌]
19	펜	**bút** [붇]
20	입국신고서	**tờ khai nhập cảnh** [떠 카이 녑 까잉]
21	세관신고서	**tờ khai hải quan** [떠 카이 하이 꾸안]
22	기내면세품	**hàng miễn thuế trên máy bay** [항 미엔 투에 쩬 마이 바이]

빨리 찾아 읽으세요! `T 01-02`

01 이것

cái này
[까이 나이]

- 이것이 무엇인가요?
  Cái này là cái gì ạ?
  [까이 나이 라 까이 지 아]

- 이것을 가져다주세요.
  Cho tôi xin cái này ạ.
  [쩌 또이 씬 까이 나이 아]

- 이것은 작동이 안 돼요.
  Cái này không hoạt động ạ.
  [까이 나이 콤 호앗 돔 아]

- 이것을 치워주세요.
  Xin anh/chị dọn cái này cho tôi.
  [씬 아잉/찌 전 까이 나이 쩌 또이]

- 이것을 바꿔주세요.
  Xin anh/chị đổi cái này cho tôi.
  [씬 아잉/찌 도이 까이 나이 쩌 또이]

- 이것을 가져도 되나요?
  Tôi có thể lấy cái này được không ạ?
  [또이 꺼 테 러이 까이 나이 드억 콤 아]

02 좌석

chỗ ngồi
[쪼 응오이]

- 여기가 당신 자리인가요?
  Chỗ ngồi này là của anh/chị phải không ạ?
  [쪼 응오이 나이 라 꾸어 아잉/찌 파이 콤 아]

- 제 자리예요.
  Đây là chỗ ngồi của tôi ạ.
  [더이 라 쪼 응오이 꾸어 또이 아]

- 제 자리는 어디인가요?
  Chỗ ngồi của tôi ở đâu ạ?
  [쪼 응오이 꾸어 또이 어 더우 아]

08 냅킨

giấy ăn
[지어이 안]

· 냅킨 좀 주세요.

Cho tôi xin cái giấy ăn ạ.
[쩌 또이 씬 까이 지어이 안 아]

· 물티슈 좀 주세요.

Cho tôi xin khăn ướt ạ.
[쩌 또이 씬 칸 으얻 아]

09 담요

chăn
[짠]

· 담요가 없어요.

Tôi không có chăn ạ.
[또이 콤 꺼 짠 아]

· 담요 좀 가져다주세요.

Cho tôi xin cái chăn ạ.
[쩌 또이 씬 까이 짠 아]

· 담요를 하나만 더 주세요.

Cho tôi xin thêm một cái chăn ạ.
[쩌 또이 씬 템 몯 까이 짠 아]

10 안대

miếng che mắt
[미엥 째 맏]

· 안대 있나요?

Anh/Chị có miếng che mắt không ạ?
[아잉/찌 꺼 미엥 째 맏 콤 아]

· 이 안대는 불편해요.

**Cái miếng che mắt này không
thoải mái ạ.**
[까이 미엥 째 맏 나이 콤 토아이 마이 아]

· 다른 안대를 가져다주세요.

Cho tôi xin miếng che mắt khác ạ.
[쩌 또이 씬 미엥 째 맏 칵 아]

11 베개 🛏️

gối
[고이]

· 베개가 있나요?

Anh/Chị có gối không ạ?
[아잉/찌 꺼 고이 콤 아]

· 이 베개는 불편해요.

Cái gối này không thoải mái ạ.
[까이 고이 나이 콤 토아이 마이 아]

· 다른 베개로 가져다주세요.

Cho tôi xin cái gối khác ạ.
[쩌 또이 씬 까이 고이 칵 아]

12 기내용 슬리퍼 🥿

dép đi trong máy bay
[잽 디 쩜 마이 바이]

· 기내용 슬리퍼가 있나요?

Có dép đi trong máy bay không ạ?
[꺼 잽 디 쩜 마이 바이 콤 아]

· 기내용 슬리퍼가 불편해요.

Đôi dép này không thoải mái ạ.
[도이 잽 나이 콤 토아이 마이 아]

13 헤드폰 🎧

tai nghe
[따이 응애]

· 헤드폰을 가져다주세요.

Cho tôi xin cái tai nghe ạ.
[쩌 또이 씬 까이 따이 응애 아]

· 헤드폰이 잘 안 돼요.

Tai nghe của tôi nghe không rõ ạ.
[따이 응애 꾸어 또이 응애 콤 저 아]

· (헤드폰) 코드는 어디에
꽂나요?

Tai nghe này cắm ở đâu ạ?
[따이 응애 나이 깜 어 더우 아]

· 이것을 가져도 되나요?

Tôi có thể lấy cái này được không ạ?
[또이 꺼 테 러이 까이 나이 드억 콤 아]

14 리모컨

điều khiển
[디에우 키엔]

· 리모컨을 가져다주세요.
Cho tôi xin cái điều khiển ạ.
[쩌 또이 씬 까이 디에우 키엔 아]

· 리모컨이 안 돼요.
Cái điều khiển này không hoạt động ạ.
[까이 디에우 키엔 나이 콤 호앝 돔 아]

· 리모컨을 다른 것으로 가져다 주세요.
Cho tôi xin cái điều khiển khác ạ.
[쩌 또이 씬 까이 디에우 키엔 칵 아]

15 신문

báo
[바오]

· 한국 신문이 있나요?
Có báo Hàn Quốc không ạ?
[꺼 바오 한 꾸옥 콤 아]

· 스포츠 신문이 있나요?
Có báo thể thao không ạ?
[꺼 바오 테 타오 콤 아]

· 신문을 가져다주세요.
Cho tôi xin tờ báo ạ.
[쩌 또이 씬 떠 바오 아]

· 신문을 종류별로 모두 가져다 주세요.
Xin lấy cho tôi tất cả các báo theo từng loại ạ.
[씬 러이 쩌 또이 떧 까 깍 바오 태오 뜽 로아이 아]

16 마실 것 🥤

đồ uống
[도 우옹]

· 마실 것을 주세요.
Cho tôi xin một ít đồ uống ạ.
[쩌 또이 씬 몯 읻 도 우옹 아]

· 물을 주세요.
Cho tôi xin một ít nước suối ạ.
[쩌 또이 씬 몯 읻 느억 쑤오이 아]

· 뜨거운 물을 주세요.
Cho tôi xin một ít nước nóng ạ.
[쩌 또이 몯 읻 느억 넘 아]

· 얼음물을 주세요.
Cho tôi xin một ít nước đá ạ.
[쩌 또이 몯 읻 느억 다 아]

· 오렌지 주스를 주세요.
Cho tôi xin một ít nước cam ạ.
[쩌 또이 씬 몯 읻 느억 깜 아]

· 콜라를 주세요.
Cho tôi xin một ít cô-ca ạ.
[쩌 또이 씬 몯 읻 꼬 까 아]

· 사이다를 주세요.
Cho tôi xin một ít 7 up ạ.
[쩌 또이 씬 몯 읻 바이 업 아]

· 녹차를 주세요.
Cho tôi xin một ít trà xanh ạ.
[쩌 또이 씬 몯 읻 짜 싸잉 아]

· 커피를 주세요.
Cho tôi xin một ít cà phê ạ.
[쩌 또이 씬 몯 읻 까 페 아]

· 맥주를 주세요.
Cho tôi xin bia ạ.
[쩌 또이 씬 비어 아]

· 와인을 주세요.
Cho tôi xin rượu vang ạ.
[쩌 또이 씬 즈어우 방 아]

· 레드 와인을 주세요.
Cho tôi rượu vang đỏ ạ.
[쩌 또이 즈어우 방 더 아]

· 화이트 와인을 주세요.
Cho tôi rượu vang trắng ạ.
[쩌 또이 즈어우 방 짱 아]

17 간식거리

đồ ăn vặt
[도 안 받]

· 간식거리가 있나요?
Anh/Chị có đồ ăn vặt nào không ạ?
[아잉/찌 꺼 도 안 받 나오 콤 아]

· 땅콩 주세요.
Cho tôi đậu phộng ạ.
[쩌 또이 더우 폼 아]

· 땅콩 좀 더 주세요.
Cho tôi xin thêm đậu phộng ạ.
[쩌 또이 씬 템 더우 폼 아]

· 쿠키 주세요.
Cho tôi bánh quy ạ.
[쩌 또이 바잉 꾸이 아]

· 쿠키 좀 더 주세요.
Cho tôi xin thêm bánh quy ạ.
[쩌 또이 씬 템 바잉 꾸이 아]

18 식사

ăn cơm
[안 껌]

· 식사 시간이 언제인가요?
Mấy giờ ăn cơm ạ?
[머이 지어 안 껌 아]

· 오늘 메뉴가 무엇인가요?
Thực đơn hôm nay là gì ạ?
[특 던 홈 나이 라 지 아]

· 식사를 지금 할게요.
Tôi muốn ăn cơm bây giờ ạ.
[또이 무온 안 껌 버이 지어 아]

· 식사를 나중에 하고 싶어요.
Tôi sẽ ăn sau ạ.
[또이 쌔 안 싸우 아]

· 음식 남은 것이 있나요?
Còn cơm không ạ?
[껀 껌 콤 아]

19 펜 ✎

bút
[붇]

· 펜 좀 빌려주세요.

Xin cho tôi mượn cây bút một chút.
[씬 쩌 또이 므언 꺼이 붇 몯 쭏]

· 이 펜이 안 나와요.

Cây bút này không ra mực.
[꺼이 붇 나이 콤 자 믁]

· 다른 펜으로 빌려주세요.

Xin cho tôi mượn cây bút khác.
[씬 쩌 또이 므언 꺼이 붇 칵]

20 입국신고서 📇

tờ khai nhập cảnh
[떠 카이 녑 까잉]

· 입국신고서 작성하는 것을
도와주세요.

Xin giúp tôi điền vào tờ khai nhập cảnh.
[씬 지웁 또이 디엔 바오 떠 카이 녑 까잉]

· 입국신고서 한 장만 더
주세요.

Cho tôi xin thêm một tờ khai nhập cảnh ạ.
[쩌 또이 씬 템 몯 떠 카이 녑 까잉 아]

21 세관 신고서 📋

tờ khai hải quan
[떠 카이 하이 꾸안]

· 세관 신고서 작성하는 것을
도와주세요.

Xin giúp tôi điền vào tờ khai hải quan.
[씬 지웁 또이 디엔 바오 떠 카이 하이 꾸안]

· 세관 신고서 한 장만 더
주세요.

Cho tôi xin thêm một tờ khai hải quan ạ.
[쩌 또이 씬 템 몯 떠 카이 하이 꾸안 아]

22 기내면세품

hàng miễn thuế trên máy bay
[항 미엔 투에 쩬 마이 바이]

· 기내면세품을 보여주세요.

Xin cho tôi xem hàng miễn thuế trên máy bay.
[씬 쩌 또이 쌤 항 미엔 투에 쩬 마이 바이]

· 신용카드가 되나요?

Thanh toán bằng thẻ tín dụng được không ạ?
[타잉 또안 방 태 띤 줌 드억 콤 아]

· 원화가 되나요?

Thanh toán bằng tiền Won được không ạ?
[타잉 또안 방 띠엔 원 드억 콤 아]

★ 베트남 더 알기!   ## 1. 베트남 국적기

베트남 국적기는 베트남 에어(Vietnam Air)와 저가 항공사 비엣젯 에어(Viet Jet Air) 등이 있습니다. 두 항공사는 외국 항공사와 치열한 경쟁 속에서 세계 유명 관광도시의 항로를 개발해 왔습니다. 한국과 베트남을 잇는 항공편이 매일 있으며 인천과 부산 모두 취항하고 있습니다.

특히 비엣젯 에어는 2007년 설립된 베트남 최초 민영항공사로 현재 다양한 프로모션과 합리적인 가격으로 많은 여행객의 사랑을 받고 있습니다. 베트남 국내 여행 시 국적기를 이용해 보는 것도 좋을 것 같습니다.

위급상황 필요한 단어! [T 01-03]

01	두통	**đau đầu** [다우 더우]
02	복통	**đau bụng** [다우 붐]
03	어지러운	**chóng mặt** [쩸 맏]
04	추운	**lạnh** [라잉]
05	아프다	**đau** [다우]
06	멀미 나다	**say** [싸이]

빨리 찾아 말하면 OK! T 01-04

- 두통이 있는 것 같아요.

  Tôi nghĩ mình bị đau đầu ạ.
  [또이 응이 밍 비 다우 더우 아]

- 두통약 좀 주세요.

  Cho tôi xin thuốc đau đầu ạ.
  [쩌 또이 씬 투옥 다우 더우 아]

- 복통이 있는 것 같아요.

  Tôi nghĩ mình bị đau bụng ạ.
  [또이 응이 밍 비 다우 붐 아]

- 복통약 좀 주세요.

  Cho tôi xin thuốc đau bụng ạ.
  [쩌 또이 씬 투옥 다우 붐 아]

- 조금 어지러워요.

  Tôi cảm thấy hơi chóng mặt ạ.
  [또이 깜 터이 허이 쩜 맏 아]

- 조금 추운 것 같아요.

  Tôi cảm thấy hơi lạnh ạ.
  [또이 깜 터이 허이 라잉 아]

- 온몸이 아파요.

  Tôi đau cả người ạ.
  [또이 다우 까 응으어이 아]

- 멀미 나요.

  Tôi bị say máy bay ạ.
  [또이 비 싸이 마이 바이 아]

외국에서 아플 때는 꼭 약국이나 병원을 찾으세요!

실제상황 T 01-05

베트남어

Chị có cần gì không ạ?

필요하신 것이
있으신가요?

**Tôi bị đau bụng.
Làm ơn lấy thuốc
cho tôi được không ạ?**

배가 아픈데, 약 좀 주시겠어요?

조금 출출한데…
컵라면 먹을까?

> **Cho tôi xin mỳ hộp ạ.**
>
> 컵라면 주세요.

망설이지 말자!
Chúng ta đừng chần chừ nữa!

멀미가 나요.
Tôi bị say máy bay ạ.
[또이 비 싸이 마이 바이 아]

자리를 바꾸고 싶어요.
Tôi muốn đổi chỗ ạ.
[또이 무온 도이 쪼 아]

PART 02

공항에서

공항에서

많은 단어를 알 필요 없다
왜? 말할 게 뻔하니까!

T 02-01

01	게이트	**cửa ra** [끄어 자]
02	경유	**quá cảnh** [꾸아 까잉]
03	탑승	**lên máy bay** [렌 마이 바이]
04	연착	**hạ cánh muộn** [하 까잉 무온]
05	다음 비행 편	**chuyến bay tiếp theo** [쭈이엔 바이 띠엡 태오]
06	대기	**chờ** [쩌]
07	대기장소	**phòng chờ** [펌 쩌]
08	레스토랑	**nhà hàng** [냐 항]
09	면세점	**cửa hàng miễn thuế** [끄어 항 미엔 투에]
10	출입국 관리소	**văn phòng quản lý xuất nhập cảnh** [반 펌 꾸안 리 쑤얻 녑 까잉]
11	지문	**vân tay** [번 따이]

12	외국인	**người nước ngoài** [응으어이 느억 응오아이]
13	통역사	**thông dịch viên** [톰 직 비엔]
14	왕복 티켓	**vé khứ hồi** [배 크 호이]
15	여기 왜 왔느냐면요	**tôi đến đây để** [또이 덴 더이 데]
16	○○에 묵을 거예요	**tôi định ở** [또이 딩 어]
17	~동안 있을 거예요	**tôi định ở trong** [또이 딩 어 쩜]
18	수화물 찾는 곳	**nơi nhận hành lý** [너이 년 하잉 리]
19	카트	**xe đẩy hành lý** [쌔 더이 하잉 리]
20	○○은 제거예요	**là của tôi** [라 꾸어 또이]
21	분실	**thất lạc** [털 락]
22	세관 신고하다	**khai báo hải quan** [카이 바오 하이 꾸안]

빨리 찾아 읽으세요! `T 02-02`

01 게이트 🔁

cửa ra
[끄어 자]

- 게이트를 못 찾겠어요.

  Tôi không thể tìm thấy cửa ra ạ.
  [또이 콤 테 띰 터이 끄어 자 아]

- 50번 게이트는 어디에 있나요?

  Cửa ra số 50 ở đâu ạ?
  [끄어 자 쏘 남 므어이 어 더우 아]

02 경유 ✎

quá cảnh
[꾸아 까잉]

- 저는 경유 승객입니다.

  Tôi là hành khách quá cảnh ạ.
  [또이 라 하잉 칵 꾸아 까잉 아]

- 어디에서 경유하나요?

  Tôi có thể quá cảnh ở đâu ạ?
  [또이 꺼 테 꾸아 까잉 어 더우 아]

- ○○를 경유해서 홍콩으로 가요.

  Tôi sẽ quá cảnh ở ○○ đi Hồng Kông ạ.
  [또이 쌔 꾸아 까잉 어 디 홈 꼼 아]

03 탑승 🚶

lên máy bay
[렌 마이 바이]

- 탑승은 언제 하나요?

  Bao giờ tôi có thể lên máy bay ạ?
  [바오 지어 또이 꺼 테 렌 마이 바이 아]

- 얼마나 기다려야 하나요?

  Tôi phải chờ trong bao lâu ạ?
  [또이 파이 쩌 쩜 바오 러우 아]

73

04 연착 ⏱

hạ cánh muộn
[하 까잉 무온]

· 비행기가 연착됐나요?

Máy bay của tôi bị hạ cánh muộn không ạ?
[마이 바이 꾸어 또이 비 하 까잉 무온 콤 아]

· 무슨 일로 연착이 됐나요?

Tại sao máy bay bị hạ cánh muộn ạ?
[따이 싸오 마이 바이 비 하 까잉 무온 아]

· 언제까지 기다려야 하나요?

Tôi phải chờ đến khi nào ạ?
[또이 파이 쩌 덴 키 나오 아]

05 다음 비행 편

chuyến bay tiếp theo
[쭈이엔 바이 띠엡 태오]

· 다음 비행기는 언제인가요?

Bao giờ có chuyến bay tiếp theo ạ?
[바오 지어 꺼 쭈이엔 바이 띠엡 태오 아]

· 다음 비행기 편은 어떤 항공사인가요?

Chuyến bay tiếp theo là hãng hàng không nào ạ?
[쭈이엔 바이 띠엡 태오 라 항 항 콤 나오 아]

· 다음 비행기 편은 얼마인가요?

Vé chuyến bay tiếp theo bao nhiêu vậy ạ?
[배 쭈이엔 바이 띠엡 태오 바오 니에우 버이 아]

· 기다렸으니, 좌석 업그레이드 해주실 수 있나요?

Có thể nâng cao hạng chỗ ngồi cho tôi vì phải chờ không ạ?
[꺼 테 넝 까오 항 쪼 응오이 쩌 또이 비 파이 쩌 콤 아]

06 대기 👫👤

chờ
[쩌]

· 얼마나 대기해야 하나요?

Phải chờ khoảng bao lâu ạ?
[파이 쩌 코앙 바오 러우 아]

· 어디에서 대기해야 하나요?　**Tôi phải chờ ở đâu ạ?**
[또이 파이 쩌 어 더우 아]

· 대기하는 동안 공항 밖으로　**Trong khi chờ tôi có thể ra ngoài**
나갈 수 있나요?　**sân bay không ạ?**
[쩜 키 쩌 또이 꺼 테 자 응오아이 썬 바이 콤 아]

07 대기 장소 　phòng chờ
[펌 쩌]

· 대기 장소는 어디인가요?　**Phòng chờ ở đâu ạ?**
[펌 쩌 어 더우 아]

· 인터넷을 할 수 있는 곳은　**Ở đây có thể dùng Internet ở đâu ạ?**
어디인가요?　[어 더이 꺼 테 줌 인떠넷 어 더우 아]

· 비즈니스 라운지는　**Phòng khách hạng thương gia**
어디인가요?　**ở đâu ạ?**
[펌 카익 항 트엉 지아 어 더우 아]

08 레스토랑 　nhà hàng
[냐 항]

· 레스토랑이 있나요?　**Nhà hàng ở đâu ạ?**
[냐 항 어 더우 아]

· 한국 식당이 있나요?　**Có nhà hàng Hàn Quốc không ạ?**
[꺼 냐 항 한 꾸옥 콤 아]

· 커피숍이 있나요?　**Quán cà phê ở đâu ạ?**
[꾸안 까 페 어 더우 아]

· 오래 걸리나요?　**Có mất nhiều thời gian không ạ?**
[꺼 멋 니에우 터이 지안 콤 아]

　75

09 면세점

cửa hàng miễn thuế
[끄어 항 미엔 투에]

· 면세점은 어디인가요?
Cửa hàng miễn thuế ở đâu ạ?
[끄어 항 미엔 투에 어 더우 아]

· 면세점은 먼가요?
Cửa hàng miễn thuế có xa không ạ?
[끄어 항 미엔 투에 꺼 싸 콤 아]

· 화장품 파는 곳은
어디인가요?
Quầy bán mỹ phẩm ở đâu ạ?
[꾸어이 반 미 펌 어 더우 아]

· 선물 포장을 해주세요.
Xin gói quà lại cho tôi ạ.
[씬 거이 꾸아 라이 쩌 또이 아]

10 출입국 관리소

văn phòng quản lý xuất nhập cảnh
[반 펌 꾸안 리 쑤얻 녑 까잉]

· 출입국 관리소는 어디로
가나요?
**Đến văn phòng quản lý
xuất nhập cảnh đi thế nào ạ?**
[덴 반 펌 꾸안 리 쑤얻 녑 까잉 디 테 나오 아]

· 출입국 관리소로
데려다주세요.
**Xin cho tôi đến văn phòng quản lý
xuất nhập cảnh.**
[씬 쩌 또이 덴 반 펌 꾸안 리 쑤얻 녑 까잉]

11 지문

vân tay
[번 따이]

· 지문을 여기에 갖다 대나요?
Anh/Chị hãy lăn dấu vân tay ở đây ạ?
[아잉/찌 하이 란 저우 번 따이 어 더이 아]

· 오른손이요?
Tay phải đúng không ạ?
[따이 파이 둠 콤 아]

· 왼손이요?

Tay trái đúng không ạ?
[따이 짜이 둠 콤 아]

12 외국인 ně

người nước ngoài
[응으어이 느억 응오아이]

· 여기가 외국인 전용 줄인가요?

Lối này là hàng dành cho người nước ngoài phải không ạ?
[로이 나이 라 항 자잉 쩌 응으어이 느억 응오아이
파이 콤 아]

· 외국인은 여기에서 줄을 서나요?

Người nước ngoài xếp hàng ở đây phải không ạ?
[응으어이 느억 응오아이 쎕 항 어 더이 파이 콤 아]

· 저는 한국인이에요.

Tôi là người Hàn Quốc ạ.
[또이 라 응으어이 한 꾸옥 아]

13 통역사

thông dịch viên
[톰 직 비엔]

· 못 알아듣겠어요.

Tôi nghe không hiểu ạ.
[또이 응애 콤 히에우 아]

· 한국인 통역사를 불러주세요.

Xin gọi cho tôi thông dịch viên người Hàn Quốc ạ.
[씬 거이 쩌 또이 톰 직 비엔 응으어이 한 꾸옥 아]

· 천천히 말씀해 주세요.

Xin anh/chị nói chậm thôi.
[씬 <u>아잉/찌</u> 너이 쩜 토이]

· 다시 한번 말씀해 주세요.

Xin anh/chị nói lại.
[씬 <u>아잉/찌</u> 너이 라이]

77

14 왕복 티켓

vé khứ hồi
[배 크 호이]

· 왕복 티켓을 보여주세요.

Xin cho tôi xem vé khứ hồi.
[씬 쩌 또이 쌤 배 크 호이]

· 왕복 티켓 있으세요?

Anh/Chị có vé khứ hồi không ạ?
[아잉/찌 꺼 배 크 호이 콤 아]

· 네, 여기 제 왕복 티켓이에요.

Vâng, vé khứ hồi của tôi đây ạ.
[벙 배 크 호이 꾸어 또이 더이 아]

15 여기 왜 왔느냐면요

Tôi đến đây để
[또이 덴 더이 데]

· 휴가 보내러 왔어요.

Tôi đến đây để nghỉ mát ạ.
[또이 덴 더이 데 응이 맏 아]

· 여행하러 왔어요.

Tôi đến đây để du lịch ạ.
[또이 덴 더이 데 주 릭 아]

· 출장 왔어요.

Tôi đến đây để công tác ạ.
[또이 덴 더이 데 꼼 딱 아]

16 ○○에 묵을 거예요

Tôi định ở
[또이 딩 어]

· 호텔에서 묵을 거예요.

Tôi định ở khách sạn ạ.
[또이 딩 어 카익 싼 아]

· 지인 집에서 묵을 거예요.

Tôi định ở nhà người quen ạ.
[또이 딩 어 냐 응으어이 꾸앤 아]

---

17 ○○동안 있을 거예요

Tôi định ở trong
[또이 딩 어 쩜]

· 3일 동안 있을 거예요.

Tôi định ở trong ba ngày ạ.
[또이 딩 어 쩜 바 응아이 아]

· 일주일 동안 있을 거예요.

Tôi định ở trong một tuần ạ.
[또이 딩 어 쩜 몯 뚜언 아]

· 2주 동안 있을 거예요.

Tôi định ở trong hai tuần ạ.
[또이 딩 어 쩜 하이 뚜언 아]

· 한 달 동안 있을 거예요.

Tôi định ở trong một tháng ạ.
[또이 딩 어 쩜 몯 탕 아]

18 수화물 찾는 곳

nơi nhận hành lý
[너이 년 하잉 리]

· 수화물은 어디에서 찾나요?

Tôi có thể nhận hành lý ở đâu ạ?
[또이 꺼 테 년 하잉 리 어 더우 아]

· 수화물 찾는 곳은 어디인가요?

Nơi nhận hành lý ở đâu ạ?
[너이 년 하잉 리 어 더우 아]

· 수화물 찾는 곳으로 데려다 주세요.

Xin cho tôi đến nơi nhận hành lý.
[씬 쩌 또이 덴 너이 년 하잉 리]

19 카트

xe đẩy hành lý
[쌔 더이 하잉 리]

· 카트는 어디에 있나요?

Xe đẩy hành lý ở đâu ạ?
[쌔 더이 하잉 리 어 더우 아]

· 카트 사용은 무료인가요?   **Xe đẩy hành lý được sử dụng miễn phí ạ?**
[쌔 더이 하잉 리 드억 쓰 줌 미엔 피 아]

· 카트가 고장 났어요.   **Xe đẩy hành lý bị hỏng ạ.**
[쌔 더이 하잉 리 비 험 아]

· 카트가 없어요.   **Không có xe đẩy hành lý ạ.**
[콤 꺼 쌔 더이 하잉 리 아]

20 ○○은 제거예요   ~ là của tôi
[라 꾸어 또이]

· 이 여행용 가방은 제거예요.   **Cái vali này là của tôi ạ.**
[까이 바리 나이 라 꾸아 또이 아]

· 이 카트는 제거예요.   **Xe đẩy này là của tôi ạ.**
[쌔 더이 나이 라 꾸어 또이 아]

21 분실   thất lạc
[텃 락]

· 제 짐을 못 찾겠어요.   **Tôi không thể tìm thấy hành lý của tôi ạ.**
[또이 콤 테 띰 터이 하잉 리 꾸어 또이 아]

· 제 짐이 아직 안 나왔어요.   **Hành lý của tôi chưa ra ạ.**
[하잉 리 꾸어 또이 쯔어 자 아]

· 제 짐이 없어졌어요.   **Hành lý của tôi bị thất lạc ạ.**
[하잉 리 꾸어 또이 비 텃 락 아]

· 분실 신고는 어디에서 하나요?   **Chỗ khai báo hành lý thất lạc ở đâu ạ?**
[쪼 카이 바오 하잉 리 텃 락 어 더우 아]

22 세관 신고하다

khai báo hải quan
[카이 바오 하이 꾸안]

· 세관 신고를 할 물건이 있어요.

Tôi có hàng hoá phải khai báo hải quan ạ.
[또이 꺼 항 호아 파이 카이 바오 하이 꾸안 아]

· 세관 신고를 할 물건이 없어요.

Tôi không có gì phải khai báo hải quan ạ.
[또이 콤 꺼 지 파이 카이 바오 하이 꾸안 아]

· 세관 신고를 하려면 어디로 가나요?

Nếu khai báo hải quan thì tôi phải đi đâu ạ?
[네우 카이 바오 하이 꾸안 티 또이 파이 디 더우 아]

23 선물

món quà
[먼 꾸아]

· 이것은 선물할 거예요.

Cái này là quà tặng ạ.
[까이 나이 라 꾸아 땅 아]

· 이것은 선물 받은 거예요.

Đây là món quà tôi đã được nhận ạ.
[더이 라 먼 꾸아 또이 다 드억 년 아]

· 선물로 산 거예요.

Tôi mua cái này để làm quà tặng ạ.
[또이 무어 까이 나이 데 람 꾸아 땅 아]

24 한국 음식

món ăn Hàn Quốc
[먼 안 한 꾸옥]

· 한국 음식이에요.

Cái này là món ăn Hàn Quốc ạ.
[까이 나이 라 먼 안 한 꾸옥 아]

· 이것은 김이에요.

Cái này là rong biển ạ.
[까이 나이 라 점 비엔 아]

- 이것은 고추장이에요.
  Cái này là tương ớt ạ.
  [까이 나이 라 뜨엉 얻 아]

- 이것은 김치예요.
  Cái này là Kimchi ạ.
  [까이 나이 라 김치 아]

- 이상한 것이 아니예요.
  Cái này không phải là món lạ ạ.
  [까이 나이 콤 파이 라 먼 라 아]

25 출구

lối ra
[로이 자]

- 출구는 어디인가요?
  Lối ra ở đâu ạ?
  [로이 자 어 더우 아]

- 출구는 어느 쪽인가요?
  Lối ra ở phía nào ạ?
  [로이 자 어 피어 나오 아]

- 출구를 못 찾겠어요.
  Tôi không thể tìm thấy lối ra ạ.
  [또이 콤 테 띰 터이 로이 자 아]

- 출구로 데려다주세요.
  Xin cho tôi đến lối ra ạ.
  [씬 쩌 또이 덴 로이 자 아]

26 여행 안내소

phòng hướng dẫn du lịch
[펌 흐엉 전 주 릭]

- 여행 안내소는 어디인가요?
  Phòng hướng dẫn du lịch ở đâu ạ?
  [펌 흐엉 전 주 릭 어 더우 아]

- 여행 안내소로 데려다주세요.
  **Xin cho tôi đến phòng hướng dẫn
  du lịch ạ.**
  [씬 쩌 또이 덴 펌 흐엉 전 주 릭 아]

· 지도 좀 주세요.
Cho tôi xin bản đồ ạ.
[쩌 또이 씬 반 도 아]

· 한국어로 된 지도 있나요?
Anh/Chị có bản đồ tiếng Hàn không ạ?
[아잉/찌 꺼 반 도 띠엥 한 콤 아]

27 환전

đổi tiền
[도이 띠엔]

· 환전하는 곳은 어디인가요?
Quầy đổi tiền ở đâu ạ?
[꾸어이 도이 띠엔 어 더우 아]

· 환전하는 곳에 데려다주세요.
Xin cho tôi đến quầy đổi tiền ạ.
[씬 쩌 또이 덴 꾸어이 도이 띠엔 아]

· 환전하려고 해요.
Tôi muốn đổi tiền ạ.
[또이 무온 도이 띠엔 아]

· 잔돈도 주세요.
Cho tôi xin tiền lẻ ạ.
[쩌 또이 씬 띠엔 래 아]

28 택시

xe tắc xi
[쌔 딱 씨]

· 택시는 어디에서 타나요?
Tôi có thể đón tắc xi ở đâu ạ?
[또이 꺼 테 던 딱 씨 어 더우 아]

· 택시 타는 곳에 데려다주세요.
Xin cho tôi đến bến xe tắc xi ạ.
[씬 쩌 또이 덴 벤 쌔 딱 씨 아]

· 택시를 타면 비싼가요?
Nếu đi tắc xi thì có đắt không ạ?
[네우 디 딱 씨 티 꺼 닫 콤 아]

· 택시를 타고 시내에 가려고요.　**Tôi đón tắc xi và định vào trung tâm thành phố ạ.**
[또이 던 딱 씨 바 딩 바오 쭘 떰 타잉 포 아]

· 택시 대신 어떤 교통수단을 이용할 수 있나요?　**Tôi có thể đi phương tiện gì thay cho xe tắc xi ạ?**
[또이 꺼 테 디 프엉 띠엔 지 타이 쩌 쌔 딱 씨 아]

29 제일 가까운 gần nhất
[건 녇]

· 제일 가까운 호텔은 어디인가요?　**Khách sạn gần nhất ở đâu ạ?**
[카익 싼 건 녇 어 더우 아]

· 제일 가까운 레스토랑은 어디인가요?　**Nhà hàng gần nhất ở đâu ạ?**
[나 항 건 녇 어 더우 아]

· 제일 가까운 카페는 어디인가요?　**Quán cà phê gần nhất ở đâu ạ?**
[꾸안 까 페 건 녇 어 더우 아]

· 제일 가까운 마사지숍은 어디인가요?　**Tiệm mát xa gần nhất ở đâu ạ?**
[띠엠 맏 싸 건 녇 어 더우 아]

30 화장실 nhà vệ sinh
[냐 베 씽]

· 화장실은 어디에 있나요?　**Nhà vệ sinh ở đâu ạ?**
[냐 베 씽 어 더우 아]

· 화장실은 밖에 있나요?　**Ở ngoài có nhà vệ sinh không ạ?**
[어 응오아이 꺼 냐 베 씽 콤 아]

· 화장실이 라운지 안에는 없나요?　**Có nhà vệ sinh trong phòng chờ không ạ?**
[꺼 냐 베 씽 쩜 펌 쩌 콤 아]

31 공항버스

xe buýt sân bay
[쌔 부읻 썬 바이]

· 공항버스는 어디에서 타나요?
Tôi có thể đón xe buýt sân bay ở đâu ạ?
[또이 꺼 테 던 쌔 부읻 썬 바이 어 더우 아]

· 86번 버스는 어디에서 타나요?
Tôi có thể đón xe buýt số 86 ở đâu ạ?
[또이 꺼 테 던 쌔 부읻 쏘 땀 싸우 어 더우 아]

· 공항버스는 몇 시에 출발하나요?
Xe buýt sân bay sẽ khởi hành lúc mấy giờ ạ?
[쌔 부읻 썬 바이 쌔 커이 하잉 룹 머이 지어 아]

· 이 버스는 시내에 가나요?
Xe buýt này có vào trung tâm thành phố không ạ?
[쌔 부읻 나이 꺼 바오 쭘 떰 타잉 포 콤 아]

· 공항 버스비는 얼마인가요?
Vé xe buýt sân bay bao nhiêu ạ?
[배 쌔 부읻 썬 바이 바오 니에우 아]

★ 베트남 더 알기! 2. 심(Sim) 카드 구입하기

해외여행 준비 시 현지에서 원활한 인터넷 사용을 위해 포켓 와이파이를 준비하는 경우가 많습니다. 그러나 베트남에서는 현지 통신사 심(Sim) 카드를 구매해 사용하는 것이 저렴합니다. 베트남은 우리나라 CDMA(Code Division Multiple Access) 방식이 아닌 GSM (Global System for Mobile communication) 방식을 사용해 별도의 가입 절차

없이 손쉽게 이용할 수 있습니다. 그러나 만약 심(Sim) 카드를 이용하면 한국에서 사용하던 유심을 빼고 교체하는 것이기 때문에 한국에서 오는 전화나 문자는 받을 수 없습니다.

위급상황

필요한 단어! `T 02-03`

01 **와이파이** — **wifi**
[와이파이]

02 **현금 지급기** — **máy rút tiền**
[마이 줌 띠엔]

03 **배터리를 충전하다** — **sạc pin**
[싹 삔]

04 **휴대 전화** — **điện thoại di động**
[디엔 토아이 지 돔]

05 **편의점** — **cửa hàng tiện lợi**
[끄어 항 띠엔 러이]

06 **약국** — **hiệu thuốc / nhà thuốc**
[히에우 투옥 / 냐 투옥]

07 **흡연구역** — **khu vực hút thuốc**
[쿠 븍 훋 투옥]

08 **유심칩** — **thẻ Sim**
[태 씸]

빨리 찾아 말하면 OK! T 02-04

· 이곳은 와이파이가 무료인가요?

Ở đây có wifi miễn phí không ạ?
[어 더이 꺼 와이파이 미엔 피 콤 아]

· 와이파이 비밀번호가 무엇인가요?

Mật khẩu Wifi là gì ạ?
[멀 커우 와이파이 라 지 아]

· 현금 지급기는 어디에 있나요?

Máy rút tiền ở đâu ạ?
[마이 줃 띠엔 어 더우 아]

· 휴대 전화는 어디에서 충전할 수 있나요?

Tôi có thể sạc pin điện thoại di động ở đâu ạ?
[또이 꺼 테 싹 삔 디엔 토아이 지 돔 어 더우 아]

· 휴대 전화를 잃어버렸어요.

Tôi làm mất điện thoại rồi ạ.
[또이 람 멀 디엔 토아이 조이 아]

· 편의점은 어디에 있나요?

Cửa hàng tiện lợi ở đâu ạ?
[끄어 항 띠엔 러이 어 더우 아]

· 약국은 어디에 있나요?

Hiệu thuốc ở đâu ạ?
[히에우 투옥 어 더우 아]

· 아스피린이 있나요?

Ở đây có thuốc aspirin không ạ?
[어 더이 꺼 투옥 아쓰삐린 콤 아]

· 흡연구역은 어디에 있나요?

Khu vực hút thuốc ở đâu ạ?
[쿠 븍 훝 투옥 어 더우 아]

· 유심칩은 어디에서 살 수 있나요?

Tôi có thể mua thẻ Sim ở đâu ạ?
[또이 꺼 테 무어 태 씸 어 더우 아]

· 4G 유심칩을 사고 싶어요.

Tôi muốn mua thẻ Sim 4G ạ.
[또이 무온 무어 태 씸 본 거 아]

일본인? 중국인?

Tôi là người Hàn Quốc ạ.

저는 한국인이에요.

Ảnh này là chị ạ?

본인 맞습니까?

쌍꺼풀만 했는데…

한국 의술이 보통이 아니군…

망설이지 말자!
Chúng ta đừng chần chừ nữa!

이것은 제 짐 가방이에요.
Đây là túi hành lý của tôi ạ.
[더이 라 뚜이 하잉 리 꾸어 또이 아]

저는 한국인이에요.
Tôi là người Hàn Quốc ạ.
[또이 라 응으어이 한 꾸옥 아]

저는 환승객이에요.
Tôi là khách quá cảnh ạ.
[또이 라 카익 꾸아 까잉 아]

PART 03

거리에서

거리에서

많은 단어를 알 필요 없다
왜? 말할 게 뻔하니까!

T 03-01

01	길, 거리	**đường** [드엉]
02	찾다	**tìm** [띰]
03	주소	**địa chỉ** [디어 찌]
04	지도	**bản đồ** [반 도]
05	오른쪽	**bên phải** [벤 파이]
06	왼쪽	**bên trái** [벤 짜이]
07	모퉁이	**góc** [겁]
08	횡단보도	**vạch sang đường** [바익 쌍 드엉]
09	걷다	**đi bộ** [디 보]
10	돌다, 꺾다	**rẽ** [재]

11	붐비다	đông [동]
12	러시아워	giờ cao điểm [지어 까오 디엠]
13	어디에 있나요?	(ở) đâu ạ? [(어) 더우 아]
14	어떻게 가나요?	đi thế nào ạ? [디 테 나오 아]
15	얼마나 걸리나요?	mất bao lâu ạ? [먿 바오 러우 아]
16	고맙습니다	cảm ơn [깜 언]

베트남 도로에는
오토바이가 많으니
조심하세요!

빨리 찾아 읽으세요! T 03-02

01 길, 거리 🏢

đường
[드엉]

· 이 길 좀 알려주실 수 있으세요?
Anh/Chị có thể chỉ đường này cho tôi được không ạ?
[아잉/찌 꺼 테 찌 드엉 나이 쩌 또이 드억 콤 아]

· 이 길이 맞나요?
Đi đường này có đúng không ạ?
[디 드엉 나이 꺼 둠 콤 아]

· 이 방향이 맞나요?
Đi hướng này có đúng không ạ?
[디 흐엉 나이 꺼 둠 콤 아]

· 이 길이 아닌 것 같아요.
Hình như không phải đường này.
[힝 니으 콤 파이 드엉 나이]

· 이 길을 따라 계속 가야 하나요?
Cứ đi thẳng theo đường này phải không ạ?
[끄 디 탕 태오 드엉 나이 파이 콤 아]

· 이다음 길이(블록이) 맞나요?
Là đường kế tiếp phải không ạ?
[라 드엉 께 띠엡 파이 콤 아]

· 이 거리는 어디인가요?
Đường này ở đâu ạ?
[드엉 나이 어 더우 아]

· 이 거리로 데려다주세요.
Làm ơn cho tôi đến đường này ạ.
[람 언 쩌 또이 덴 드엉 나이 아]

· 이 거리 이름은 무엇인가요?
Tên của đường này là gì ạ?
[뗀 꾸아 드엉 나이 라 지 아]

02 찾다

tìm
[띰]

· 여기를 찾고 있어요.
Tôi đang tìm chỗ này ạ.
[또이 당 띰 쪼 나이 아]

· 이 주소를 찾고 있어요.
Tôi đang tìm địa chỉ này ạ.
[또이 당 띰 디어 찌 나이 아]

· 이 레스토랑을 찾고 있어요.
Tôi đang tìm nhà hàng này ạ.
[또이 당 띰 냐 항 나이 아]

· 버스 정류장을 찾고 있어요.
Tôi đang tìm trạm xe buýt ạ.
[또이 당 띰 짬 쌔 부잍 아]

· 공중화장실을 찾고 있어요.
**Tôi đang tìm nhà vệ sinh
công cộng ạ.**
[또이 당 띰 냐 베 씽 꼼 꼼 아]

03 주소

địa chỉ
[디어 찌]

· 이 주소는 어디인가요?
Địa chỉ này là đâu ạ?
[디어 찌 나이 라 더우 아]

· 이 주소는 어떻게 가나요?
**Muốn đến địa chỉ này thì phải
đi thế nào ạ?**
[무온 덴 디어 찌 나이 티 파이 디 테 나오 아]

· 이 주소를 아시나요?
Anh/Chị có biết địa chỉ này không ạ?
[아잉/찌 꺼 비엩 디어 찌 나이 콤 아]

· 이 주소로 데려다주세요.
Làm ơn cho tôi đến địa chỉ này ạ.
[람 언 쩌 또이 덴 디어 찌 나이 아]

거리

04 지도

bản đồ
[반 도]

· 이 지도가 맞나요?
Bản đồ này có đúng không ạ?
[반 도 나이 꺼 둠 콤 아]

· 무료로 제공되는 지도가
있나요?
Có bản đồ miễn phí không ạ?
[꺼 반 도 미엔 피 콤 아]

· 지도에서 여기는 어디인가요?
Chỗ này là đâu trên bản đồ ạ?
[쪼 나이 라 더우 쩬 반 도 아]

· 약도 좀 그려주실 수 있나요?
Vẽ sơ đồ giúp tôi được không ạ?
[배 써 도 지웁 또이 드억 콤 아]

05 오른쪽 ⟹

bên phải
[벤 파이]

· 오른쪽으로 가세요.
Anh/Chị đi bên phải nhé.
[아잉/찌 디 벤 파이 냬]

· 오른쪽으로 곧장 가세요.
Anh/Chị cứ đi bên phải ạ.
[아잉/찌 끄 디 벤 파이 아]

· 오른쪽 건물이에요.
Tòa nhà bên phải ạ.
[또아 냐 벤 파이 아]

06 왼쪽 ⟸

bên trái
[벤 짜이]

· 왼쪽으로 가세요.
Anh/Chị đi bên trái nhé.
[아잉/찌 디 벤 짜이 냬]

· 왼쪽으로 곧장 가세요.
Anh/Chị cứ đi bên trái ạ.
[아잉/찌 끄 디 벤 짜이 아]

· 왼쪽 건물이에요.　　　　　**Tòa nhà bên trái ạ.**
　　　　　　　　　　　　　　[또아 냐 벤 짜이 아]

07 모퉁이

góc
[겁]

거리

· 이 모퉁이를 돌면 있어요.　　**Nếu rẽ ở góc này thì sẽ có ạ.**
　　　　　　　　　　　　　　[네우 재 어 겁 나이 티 새 꺼 아]

· 이 모퉁이를 돌면 여기가　　**Nếu rẽ ở góc này thì sẽ có tòa nhà**
　나오나요?　　　　　　　　**đúng không ạ?**
　　　　　　　　　　　　　　[네우 재 어 겁 나이 티 쌔 꺼 또아 냐 둠 콤 아]

· 여기가 아니라 다음　　　　**Không phải chỗ này mà là**
　모퉁이에요.　　　　　　　**góc đường tiếp theo ạ.**
　　　　　　　　　　　　　　[콤 파이 쪼 나이 마 라 겁 드엉 띠엡 태오 아]

08 횡단보도

vạch sang đường
[바익 쌍 드엉]

· 횡단보도는 어디에 있나요?　**Vạch sang đường ở đâu ạ?**
　　　　　　　　　　　　　　[바익 쌍 드엉 어 더우 아]

· 횡단보도가 여기에서 먼가요?　**Vạch sang đường có xa đây**
　　　　　　　　　　　　　　không ạ?
　　　　　　　　　　　　　　[바익 쌍 드엉 꺼 싸 더이 콤 아]

· 횡단보도는 어떻게 가나요?　**Muốn đến vạch sang đường thì**
　　　　　　　　　　　　　　phải đi thế nào ạ?
　　　　　　　　　　　　　　[무온 덴 바익 쌍 드엉 티 파이 디 테 나오 아]

· 여기에서 건너야 하나요?　　**Phải sang đường ở đây đúng**
　　　　　　　　　　　　　　không ạ?
　　　　　　　　　　　　　　[파이 쌍 드엉 어 더이 둠 콤 아]

09 걷다 🚶

đi bộ
[디 보]

· 여기에서 걸어갈 수 있나요?

Tôi có thể đi bộ ở đây được không ạ?
[또이 꺼 테 디 보 어 더이 드억 콤 아]

· 얼마나 걸리나요?

Mất bao lâu ạ?
[멋 바로 러우 아]

· 뛰어서 가면 얼마나 걸리나요?

Nếu chạy thì mất bao lâu ạ?
[네우 짜이 티 멋 바로 러우 아]

10 돌다, 꺾다 ↰↱

rẽ
[재]

· 우회전을 해주세요.

Hãy rẽ phải ạ.
[하이 재 파이 아]

· 좌회전을 해주세요.

Hãy rẽ trái ạ.
[하이 재 짜이 아]

· 유턴을 해주세요.

Hãy quay đầu xe ạ.
[하이 꾸아이 더우 쌔 아]

11 붐비다 👥

đông
[돔]

· 오늘 왜 이렇게 사람들이
많나요?

Sao hôm nay đông người vậy nhỉ?
[싸오 홈 나이 돔 응으어이 버이 니]

· 덜 붐비는 쪽으로 가주세요.

Hãy đi đến nơi người ít đông hơn ạ.
[하이 디 뎬 너이 응으어이 읻 돔 헌 아]

12 러시아워

giờ cao điểm
[지어 까오 디엠]

· 지금이 러시아워인가요?

Bây giờ là giờ cao điểm ạ?
[버이 지어 라 지어 까오 디엠 아]

· 일찍 움직이면 러시아워를
  피할 수 있나요?

**Nếu đi sớm thì có thể tránh
giờ cao điểm không ạ?**
[네우 디 썸 티 꺼 테 짜잉 지어 까오 디엠 콤 아]

거리

13 어디에
있나요?

(ở) đâu ạ?
[(어) 더우 아]

· 이곳은 어디에 있나요?

Đây là đâu ạ?
[더이 라 더우 아]

· 이 레스토랑은 어디에 있나요?

Nhà hàng này ở đâu ạ?
[냐 항 나이 어 더우 아]

· 이 백화점은 어디에 있나요?

Trung tâm thương mại này ở đâu ạ?
[쭘 떰 트엉 마이 나이 어 더우 아]

· 이 박물관은 어디에 있나요?

Bảo tàng này ở đâu ạ?
[바오 땅 나이 어 더우 아]

· 이 미술관은 어디에 있나요?

Bảo tàng mỹ thuật này ở đâu ạ?
[바오 땅 미 투얻 나이 어 더우 아]

· 버스 정류장은 어디에 있나요?

Bến xe buýt (trạm xe buýt) ở đâu ạ?
[벤 쌔 부읻 (짬 쌔 부읻) 어 더우 아]

· 기차역은 어디에 있나요?

Ga tàu hỏa ở đâu ạ?
[가 따우 호아 어 더우 아]

14 어떻게 가나요? 🚌

đi thế nào ạ?
[디 테 나오 아]

· 여기에는 어떻게 가나요?
Muốn đến chỗ này thì phải đi thế nào ạ?
[무온 덴 쪼 나이 티 파이 디 테 나오 아]

· 저기에는 어떻게 가나요?
Muốn đến chỗ đó thì phải đi thế nào ạ?
[무온 덴 쪼 더 티 파이 디 테 나오 아]

· 이 주소는 어떻게 가나요?
Muốn đến địa chỉ này thì phải đi thế nào ạ?
[무온 덴 디어 찌 나이 티 파이 디 테 나오 아]

· 이 건물은 어떻게 가나요?
Muốn đến tòa nhà này thì phải đi thế nào ạ?
[무온 덴 또아 냐 나이 티 파이 디 테 나오 아]

· 이 레스토랑은 어떻게 가나요?
Muốn đến nhà hàng này thì phải đi thế nào ạ?
[무온 덴 냐 항 나이 티 파이 디 테 나오 아]

· 이 박물관은 어떻게 가나요?
Muốn đến bảo tàng này thì phải đi thế nào ạ?
[무온 덴 바오 땅 나이 티 파이 디 테 나오 아]

· 버스 정류장은 어떻게 가나요?
Muốn đến trạm xe buýt thì phải đi thế nào ạ?
[무온 덴 짬 쌔 부잍 티 파이 디 테 나오 아]

· 기차역은 어떻게 가나요?
Muốn đến ga tàu hỏa thì phải đi thế nào ạ?
[무온 덴 가 따우 호아 티 파이 디 테 나오 아]

15 얼마나 걸리나요? ⏱? mất bao lâu ạ?
[멑 바오 러우 아]

· 여기에서 얼마나 걸리나요? **Cách đây bao lâu ạ?**
[까익 더이 바오 러우 아]

· 걸어서 얼마나 걸리나요? **Đi bộ mất bao lâu ạ?**
[디 보 멑 바오 러우 아]

· 버스로 얼마나 걸리나요? **Đi xe buýt mất bao lâu ạ?**
[디 쌔 부읻 멑 바오 러우 아]

· 택시로 얼마나 걸리나요? **Đi tắc xi mất bao lâu ạ?**
[디 딱 씨 멑 바오 러우 아]

· 오토바이로 얼마나 걸리나요? **Đi xe máy mất bao lâu ạ?**
[디 쌔 마이 멑 바오 러우 아]

거리

16 고맙습니다 😊 cảm ơn
[깜 언]

· 정말 고맙습니다. **Cảm ơn nhiều ạ.**
[깜 언 니에우 아]

· 도와주셔서 고맙습니다. **Cảm ơn vì đã giúp đỡ tôi ạ.**
[깜 언 비 다 지웁 더 또이 아]

· 당신 덕분이에요. **Nhờ anh/chị thôi ạ.**
[녀 아잉/찌 토이 아]

위급상황

필요한 단어! **T 03-03**

01 길을 잃다
bị lạc đường
[비 락 드엉]

02 소매치기
bị móc túi
[비 멉 뚜이]

03 공중화장실
nhà vệ sinh công cộng
[냐 베 씽 꼼 꼼]

04 저는 돈이 없어요.
Tôi không có tiền.
[또이 콤 꺼 띠엔]

빨리 찾아 말하면 OK! T 03-04

· 저는 길을 잃었어요.

Tôi bị lạc đường rồi ạ.
[또이 비 락 드엉 조이 아]

· 저는 여행객인데,
  도와주세요.

**Tôi là khách du lịch, xin giúp đỡ
tôi ạ.**
[또이 라 카익 주 릭, 씬 지웁 또이 아]

· 소매치기를 당했어요!

Tôi bị móc túi rồi ạ!
[또이 비 멉 뚜이 조이 아]

· 경찰을 불러주세요.

Hãy gọi cảnh sát giúp tôi ạ.
[하이 거이 까잉 쌋 지웁 또이 아]

· 저 사람이 도둑이에요!
  붙잡아주세요.

**Người đó là trộm!
Hãy bắt lại giúp tôi ạ.**
[응으어이 더 라 쫌]
[하이 밧 라이 지웁 또이 아]

· 공중화장실은 어디에 있나요?

Nhà vệ sinh công cộng ở đâu ạ?
[냐 베 씽 꼼 꼼 어 더우 아]

· 공중화장실은 이쪽인가요?

**Nhà vệ sinh công cộng ở
hướng này đúng không ạ?**
[냐 베 씽 꼼 꼼 어 흐엉 나이 둠 콤 아]

· 저는 정말 급해요.

Tôi thực sự gấp lắm ạ.
[또이 특 쓰 겁 람 아]

· 저는 돈이 없어요.

Tôi không có tiền ạ.
[또이 콤 꺼 띠엔 아]

· 돈을 모두 소매치기당했어요.

Tôi bị trộm hết tất cả tiền rồi ạ.
[또이 비 쫌 헫 떧 까 띠엔 조이 아]

Muốn đến chỗ này thì
phải đi thế nào ạ?

여기에는 어떻게 가야 하나요?

망설이지 말자!
Chúng ta đừng chần chừ nữa!

동쑤언 시장은 어떻게 가야 하나요?
**Muốn đến chợ Đồng Xuân thì phải
đi thế nào ạ?**
[무온 덴 쩌 돔 쑤언 티 파이 디 테 나오 아]

호찌민 박물관은 어떻게 가야 하나요?
**Muốn đến bảo tàng Hồ Chí Minh thì
phải đi thế nào ạ?**
[무온 덴 바오 땅 호 찌 밍 티 파이 디 테 나오 아]

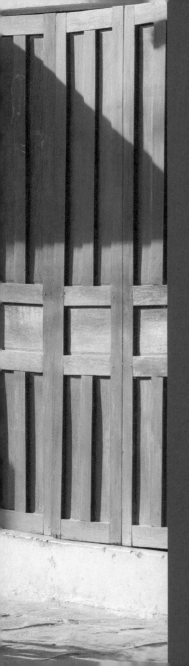

PART 04
택시와
기차에서

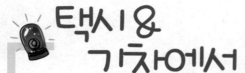

택시 &
기차에서

많은 단어를 알 필요 없다
왜? 말할 게 뻔하니까!

T 04-01

01	택시를 타다	**đón tắc xi** [던 딱 씨]
02	택시를 부르다	**gọi tắc xi** [거이 딱 씨]
03	주소	**địa chỉ** [디어 찌]
04	○○으로 가주세요	**cho tôi đến** [쩌 또이 덴]
05	대략 얼마인가요?	**khoảng bao nhiêu tiền ạ?** [코앙 바오 니에우 띠엔 아]
06	~까지 되나요?	**đi đến ~ có được không ạ?** [디 덴 ~ 꺼 드억 콤 아]
07	얼마나 걸리나요?	**mất bao lâu ạ?** [멋 바오 러우 아]
08	요금	**cước phí** [끄억 피]
09	켜다	**bật** [벋]
10	(차) 트렁크	**cốp xe** [꼽 쌔]
11	빨리 가다	**đi nhanh** [디 냐잉]

12	세우다	**dừng lại** [즈 라이]
13	계산하다	**thanh toán** [타잉 또안]
14	거스름돈	**tiền thừa** [띠엔 트어]
15	영수증	**hóa đơn** [호아 던]
16	차 번호	**số xe** [쏘 쌔]
17	기다리다	**chờ** [쩌]
18	○○에 있어요	**Tôi đang ở** [또이 당 어]
19	이 길	**đường này** [드엉 나이]
20	목적지	**điểm đến** [디엠 덴]
21	도착하다	**đến** [덴]
22	기차역	**ga tàu hỏa** [가 따우 호아]

택시
&
기차

빨리 찾아 읽으세요! `T 04-02`

01 택시를 타다 đón tắc xi
[던 딱 씨]

- 택시는 어디에서 탈 수 있나요?

  Chỗ đón tắc xi ở đâu ạ?
  [쪼 던 딱 씨 어 더우 아]

- 공항으로 가는 택시는 어디에서 타나요?

  Chỗ đón tắc xi ra sân bay ở đâu ạ?
  [쪼 던 딱 씨 자 썬 바이 어 더우 아]

02 택시를 부르다 gọi tắc xi
[거이 딱 씨]

- 4인승 택시를 불러주세요.

  Anh/Chị hãy gọi giúp tôi tắc xi 4 chỗ ạ.
  [아잉/찌 하이 거이 지웁 또이 딱 씨 본 쪼 아]

- 로비로 택시를 불러주세요.

  Xin gọi tắc xi đến sảnh cho tôi ạ.
  [씬 거이 딱 씨 덴 싸잉 쩌 또이 아]

03 주소 địa chỉ
[디어 찌]

- 이 주소로 가주세요.

  Cho tôi đến địa chỉ này ạ.
  [쩌 또이 덴 디어 찌 나이 아]

- 이 주소가 어디인지 아시나요?

  Anh/Chị có biết địa chỉ này là đâu không ạ?
  [아잉/찌 꺼 비엔 디어 찌 나이 라 더우 콤 아]

택시 & 기차

· 주소가 이상해요.

Địa chỉ này lạ quá ạ.
[디어 찌 나이 라 꾸아 아]

· 이 주소에서 가장 가까운
  곳으로 가주세요.

**Xin cho tôi đến nơi gần địa chỉ này
nhất ạ.**
[씬 쩌 또이 뎬 너이 건 디어 찌 나이 녇 아]

· (차량 공유 서비스) 고객님의
  주소는 어디인가요?

Địa chỉ của quý khách ở đâu ạ?
[디어 찌 꾸어 꾸이 카익 어 더우 아]

04 ○○로
가주세요

 cho tôi đến
[쩌 또이 뎬]

· 여기로 가주세요.

Cho tôi đến chỗ này ạ.
[쩌 또이 뎬 쪼 나이 아]

· 이 호텔로 가주세요.

Cho tôi đến khách sạn này ạ.
[쩌 또이 뎬 카익 싼 나이 아]

· 이 박물관으로 가주세요.

Cho tôi đến bảo tàng này ạ.
[쩌 또이 뎬 바오 땅 나이 아]

· 이 식당으로 가주세요.

Cho tôi đến nhà hàng này ạ.
[쩌 또이 뎬 냐 항 나이 아]

· 이 공원으로 가주세요.

Cho tôi đến công viên này ạ.
[쩌 또이 뎬 꼼 비엔 나이 아]

· 시내로 가주세요.

Cho tôi đến trung tâm thành phố ạ.
[쩌 또이 뎬 쭘 떰 타잉 포 아]

· 공항으로 가주세요.

Cho tôi đến sân bay ạ.
[쩌 또이 뎬 썬 바이 아]

05 대략 얼마 인가요?

khoảng bao nhiêu tiền ạ?
[코앙 바오 니에우 띠엔 아]

· 여기에서부터 저기까지는 대략 얼마인가요?

Từ đây đến đó khoảng bao nhiêu tiền ạ?
[뜨 더이 덴 더 코앙 바오 니에우 띠엔 아]

· 시내에서 공항까지는 대략 얼마인가요?

Từ trung tâm thành phố đến sân bay khoảng bao nhiêu tiền ạ?
[뜨 쭘 떰 타잉 포 덴 썬 바이 코앙 바오 니에우 띠엔 아]

· 여기에서부터 시내까지는 먼가요?

Từ đây đến trung tâm thành phố có xa không ạ?
[뜨 더이 덴 쭘 떰 타잉 포 꺼 싸 콤 아]

· 1km에 얼마인가요?

Một cây số giá bao nhiêu ạ?
[몯 꺼이 쏘 지아 바오 니에우 아]

택시 & 기차

06 ~까지 되나요?

Đi đến ~ có được không ạ?
[디 덴 ~ 꺼 드억 콤 아]

· 백화점까지 10만 동에 되나요?

Đi đến trung tâm mua sắm một trăm nghìn đồng có được không ạ?
[디 덴 쭘 떰 무어 쌈 몯 짬 응인 돔 꺼 드억 콤 아]

· 공항까지 20만 동에 되나요?

Đi đến sân bay hai trăm nghìn đồng có được không ạ?
[디 덴 썬 바이 하이 짬 응인 돔 꺼 드억 콤 아]

· 하노이 호텔까지 30만 동에 되나요?

Đi đến khách sạn Hà Nội ba trăm nghìn đồng có được không ạ?
[디 덴 카익 싼 하 노이 바 짬 응인 돔 꺼 드억 콤 아]

07 얼마나 걸리나요? mất bao lâu ạ?
[먿 바오 러우 아]

· 여기에서 거기까지 얼마나 걸리나요?

Đi từ đây đến đó mất bao lâu ạ?
[디 뜨 더이 덴 더 먿 바오 러우 아]

· 거기까지 가는데 오래 걸리나요?

Đến đó mất nhiều thời gian không ạ?
[덴 더 먿 니에우 터이 지안 콤 아]

· 거기까지 가는데 막히나요?

Đến đó có bị tắc đường không ạ?
[덴 더 꺼 비 딱 드엉 콤 아]

08 요금 cước phí
[끄억 피]

· 기본요금은 얼마인가요?

Cước phí cơ bản là bao nhiêu ạ?
[끄억 피 꺼 반 라 바오 니에우 아]

· 요금은 얼마인가요?

Cước phí bao nhiêu ạ?
[끄억 피 바오 니에우 아]

· 요금을 얼마 드려야 하나요?

Tôi phải trả cước phí bao nhiêu ạ?
[또이 파이 짜 끄억 피 바오 니에우 아]

· 요금이 너무 비싸요!

Cước phí đắt quá ạ!
[끄억 피 닫 꾸아 아]

· 거리로 요금을 받나요?

Có tính cước phí theo ki lô mét không ạ?
[꺼 띵 끄억 피 태오 끼 로 맫 콤 아]

· 미터당 요금은 얼마인가요?

Cước phí của một mét là bao nhiêu ạ?
[끄억 피 꾸어 몯 맫 라 바오 니에우 아]

09 켜다 bật
[벗]

· 에어컨을 켜주세요.
북 Anh/Chị hãy bật điều hòa cho tôi ạ.
[아잉/찌 하이 벗 디에우 호아 쩌 또이 아]

남 Anh/Chị hãy mở máy lạnh cho tôi ạ.
[아잉/찌 하이 머 마이 라잉 쩌 또이 아]

· 히터를 켜주세요.
Hãy bật máy sưởi cho tôi ạ.
[하이 벗 마이 쓰어이 쩌 또이 아]

· 미터기를 켜주세요.
Xin hãy bật đồng hồ đo cây số ạ.
[씬 하이 벗 돔 호 더 꺼이 쏘 아]

10 (차) 트렁크 cốp xe
[꼽 쌔]

· (차) 트렁크를 열어주세요.
Anh/Chị mở giúp tôi cốp xe với ạ.
[아잉/찌 머 지웁 또이 꼽 쌔 버이 아]

· (차) 트렁크가 안 열려요.
Cốp xe không mở được ạ.
[꼽 쌔 콤 머 드억 아]

· (차) 트렁크에 이것 넣는 것을 도와주세요.
Anh/Chị hãy cất cái này vào cốp xe giúp tôi nhé.
[아잉/찌 하이 껃 까이 나이 바오 꼽 쌔 지웁 또이 내]

· (차) 트렁크에서 물건 내리는 것을 도와주세요.
Xin hãy giúp tôi lấy đồ từ cốp xe xuống ạ.
[씬 하이 지웁 또이 러이 도 뜨 꼽 쌔 쑤옹 아]

· 팁을 드릴게요.
Tôi sẽ cho tiền boa ạ.
[또이 쌔 쩌 띠엔 보아 아]

11 빨리 가다 đi nhanh
[디 냐잉]

· 빨리 좀 가주실 수 있나요?

Anh/Chị có thể đi nhanh hơn được không ạ?
[아잉/찌 꺼 테 디 냐잉 헌 드억 콤 아]

· 조금만 더 빨리 가주세요.

Anh/Chị đi nhanh một chút được không ạ?
[아잉/찌 디 냐잉 몯 쭏 드억 콤 아]

· 빨리 가야 해요.

Tôi phải đi nhanh ạ.
[또이 파이 디 냐잉 아]

12 세우다 dừng lại
[증 라이]

· 여기에서 세워주세요.

Anh/Chị hãy dừng lại ở đây giúp tôi ạ.
[아잉/찌 하이 증 라이 어 더이 지웁 또이 아]

· 횡단보도에서 세워주세요.

Anh/Chị hãy dừng xe ở vạch sang đường giúp tôi ạ.
[아잉/찌 하이 증 쌔 어 바익 쌍 드엉 지웁 또이 아]

· 저 모퉁이 돌아서 세워주세요.

Quay lại chỗ rẽ kia rồi hãy dừng xe lại giúp tôi ạ.
[꾸아이 라이 쪼 재 끼어 조이 하이 증 쌔 라이 지웁 또이 아]

· 여기에서 잠깐만 세워주세요.

Anh/Chị dừng ở đây một lát nhé.
[아잉/찌 증 어 더이 몯 랃 내]

· 호텔 입구에서 세워주세요.

Xin hãy dừng trước cửa khách sạn giúp tôi ạ
[씬 하이 증 쯔억 끄어 카익 싼 지웁 또이 아]

13 계산하다

thanh toán
[타잉 또안]

· 계산은 무엇으로 해야 하나요?

Tôi có thể thanh toán bằng cái gì ạ?
[또이 꺼 테 타잉 또안 방 까이 지 아]

· 어떤 방법으로 계산해야 하나요?

Thanh toán bằng cách nào ạ?
[타잉 또안 방 까익 나오 아]

· 카드로 계산되나요?

Thanh toán bằng thẻ được không ạ?
[타잉 또안 방 태 드억 콤 아]

· 달러로 계산되나요?

Tôi thanh toán bằng đô la được không ạ?
[또이 타잉 또안 방 도 라 드억 콤 아]

· 현금만 받아요.

Tôi chỉ nhận tiền mặt thôi ạ.
[또이 찌 년 띠엔 맏 토이 아]

· 잔돈을 안 가져왔어요.

Tôi không mang theo tiền lẻ ạ.
[또이 콤 망 태오 띠엔 래 아]

14 거스름돈

tiền thừa
[띠엔 트어]

· 거스름돈은 됐어요.

Anh/Chị giữ tiền thừa đi ạ.
[아잉/찌 지으 띠엔 트어 디 아]

· 거스름돈을 안 주셨어요.

Anh/chị chưa đưa lại tiền thừa cho tôi ạ.
[아잉/찌 쯔어 드어 라이 띠엔 트어 쩌 또이 아]

· 거스름돈이 잘못됐어요.

Trả tiền nhầm rồi ạ.
[짜 띠엔 념 조이 아]

15 영수증 🧾

hóa đơn
[호아 던]

· 영수증 주세요.
Cho tôi xin hóa đơn ạ.
[쩌 또이 씬 호아 던 아]

· 영수증을 안 주셨어요.
**Anh/Chị chưa đưa hóa đơn
cho tôi ạ.**
[아잉/찌 쯔어 드어 호아 던 쩌 또이 아]

16 차 번호 🚗11A-1234

số xe
[쏘 쌔]

· 차 번호를 확인해 주세요.
**Anh/Chị hãy kiểm tra số xe ô tô
giúp tôi nhé.**
[아잉/찌 하이 끼엠 짜 쏘 쌔 오 또 지웁 또이 내]

· 차 번호가 어떻게 되나요?
Số xe của anh/chị là gì ạ?
[쏘 쌔 꾸어 아잉/찌 라 지 아]

· 자동차 브랜드가 무엇인가요?
Xe hãng gì ạ?
[쌔 항 지 아]

17 기다리다 ✋

chờ
[쩌]

· 얼마나 기다려야 하나요?
Tôi phải chờ bao lâu ạ?
[또이 파이 쩌 바오 러우 아]

· 잠깐만 기다려주세요.
Xin chờ tôi một chút ạ.
[씬 쩌 또이 몯 쭏 아]

· 여기에서 조금만 기다려
  주실 수 있나요?

**Anh/Chị có thể chờ tôi ở đây
được không ạ?**
[아잉/찌 꺼 테 쩌 또이 어 더이 드억 콤 아]

· 한국 식당 앞에서 기다리고
  있어요.

**Tôi đang chờ anh/chị ở trước
cửa nhà hàng Hàn Quốc ạ.**
[또이 당 쩌 아잉/찌 어 쯔억 끄어 냐 항 한 꾸옥 아]

18 ○○에 있어요 Tôi đang ở + 장소
[또이 당 어]

택시
&
기차

· 저는 시원 호텔에 있어요.

Tôi đang ở khách sạn Siwon ạ.
[또이 당 어 카익 싼 시원 아]

· 저는 커피숍 앞에 있어요.

Tôi đang ở trước quán cà phê ạ.
[또이 당 어 쯔억 꾸안 까 페 아]

· 저는 한국 식당 앞에 있어요.

**Tôi đang ở trước nhà hàng
Hàn Quốc ạ.**
[또이 당 어 쯔억 냐 항 한 꾸옥 아]

19 이 길 ⟨⟨⟨ đường này
[드엉 나이]

· 이 길로 가주세요.

Làm ơn đi đường này ạ.
[람 언 디 드엉 나이 아]

· 이 길이 아닌 것 같아요.

Hình như không phải đường này ạ.
[힝 니으 콤 파이 드엉 나이 아]

· 이 길이 지름길인가요?

**Đường này là đường tắt
phải không ạ?**
[드엉 나이 라 드엉 딱 파이 콤 아]

20 목적지

điểm đến
[디엠 덴]

· 목적지를 바꿔도 될까요?
Tôi có thể thay đổi điểm đến không ạ?
[또이 꺼 테 타이 도이 디엠 덴 콤 아]

· 목적지까지는 아직 멀었나요?
Điểm đến vẫn còn xa phải không ạ?
[디엠 덴 번 껀 싸 파이 콤 아]

· 목적지 근처에 오면 말씀해주세요.
Khi gần đến thì anh/chị hãy bảo tôi nhé.
[키 건 덴 티 <u>아잉/찌</u> 하이 바오 또이 내]

21 도착하다

đến
[덴]

· 거의 도착했나요?
Chúng ta gần đến nơi chưa ạ?
[쭘 따 건 덴 너이 쯔어 아]

· 저는 도착했어요.
Tôi đã đến rồi ạ.
[또이 다 덴 조이 아]

22 기차역

ga tàu hỏa
[가 따우 호아]

· 기차역은 어디인가요?
Ga tàu hỏa ở đâu ạ?
[가 따우 호아 어 더우 아]

· 기차역은 어떻게 가나요?
Muốn đến ga tàu hỏa thì phải đi thế nào ạ?
[무온 덴 가 따우 호아 티 파이 디 테 나오 아]

· 이곳이 기차역인가요?　　　**Ở đây là ga tàu hỏa phải không ạ?**
[어 더이 라 가 따우 호아 파이 콤 아]

· 기차역은 여기에서 먼가요?　　**Ga tàu hỏa có xa đây không ạ?**
[가 따우 호아 꺼 싸 더이 콤 아]

· 기차역으로 데려다주세요.　　**Xin cho tôi đến ga tàu hỏa ạ.**
[씬 쩌 또이 덴 가 따우 호아 아]

23 매표소 phòng bán vé
[펌 반 배]

· 매표소는 어디인가요?　　**Phòng bán vé ở đâu ạ?**
[펌 반 배 어 더우 아]

· 매표소는 어떻게 가나요?　　**Muốn đến phòng bán vé thì phải
đi thế nào ạ?**
[무온 덴 펌 반 배 티 파이 디 테 나오 아]

· 매표소에 데려다주세요.　　**Xin cho tôi đến phòng bán vé ạ.**
[씬 쩌 또이 덴 펌 반 배 아]

· 표를 사려고 해요.　　**Tôi muốn mua vé ạ.**
[또이 무온 무어 배 아]

· 번호표를 뽑고 기다리세요.　　**Anh/Chị hãy rút số và
chờ một chút nhé.**
[아잉/찌 하이 줃 쏘 바 쩌 몯 쭏 내]

24 예매 đặt
[닫]

· 인터넷으로 예매했어요.　　**Tôi đã đặt vé trực tuyến rồi ạ.**
[또이 다 닫 배 쯕 뚜이엔 조이 아]

택시
&
기차

· 예매를 아직 안 했어요.

Tôi vẫn chưa đặt vé trước ạ.
[또이 번 쯔어 닫 배 쯔억 아]

· 어디에서 예매해야 하나요?

Tôi phải đặt vé ở đâu ạ?
[또이 파이 닫 배 어 더우 아]

· 예매 사이트 좀 알려주세요.

Làm ơn cho tôi biết trang Web đặt vé ạ.
[람 언 쩌 또이 비엗 짱 웹 닫 배 아]

· 부드러운/딱딱한 좌석으로 두 명 예약하고 싶어요.

Tôi muốn đặt vé ghế mềm/cứng cho hai người ạ.
[또이 무온 닫 배 게 멤/끙 쩌 하이 응으어이 아]

· 몇 시 표를 예약하고 싶으세요?

Anh/Chị muốn đặt vé lúc mấy giờ ạ?
[아잉/찌 무온 닫 배 룹 머이 지어 아]

25 좌석

chỗ ngồi
[쪼 응오이]

· 침대칸을 원하세요?
  좌석 칸을 원하세요?

Anh/Chị muốn chọn loại giường hay ghế ngồi ạ?
[아잉/찌 무온 쩐 로아이 지으엉 하이 게 응오이 아]

· 딱딱한 좌석으로 주세요.

Cho tôi vé ghế cứng ạ.
[쩌 또이 배 게 끙 아]

· 부드러운 좌석으로 주세요.

Cho tôi vé ghế mềm ạ.
[쩌 또이 배 게 멤 아]

· 좌석번호가 몇인가요?

Số ghế ngồi là bao nhiêu vậy ạ?
[쏘 게 응오이 라 바오 니에우 버이 아]

26 침대

giường
[지으엉]

· 푹신한 침대칸으로 주세요.
Cho tôi vé giường mềm ạ.
[쩌 또이 배 지으엉 멤 아]

· 딱딱한 침대칸으로 주세요.
Cho tôi vé giường cứng ạ.
[쩌 또이 배 지으엉 끙 아]

· 4인실 침대칸으로 주세요.
Cho vé giường nằm khoang 4 người ạ.
[쩌 배 지으엉 남 코앙 본 응으어이 아]

· 6인실 침대칸으로 주세요.
Cho vé giường nằm khoang 6 người ạ.
[쩌 배 지으엉 남 코앙 싸우 응으어이 아]

· 어떤 침대를 원하나요?
Anh/Chị muốn loại giường nào ạ?
[아잉/찌 무온 로아이 지으엉 나오 아]

· 1층 침대로 주세요.
Cho tôi giường tầng một ạ.
[쩌 또이 지으엉 떵 몯 아]

· 2층 침대로 주세요.
Cho tôi giường tầng hai ạ.
[쩌 또이 지으엉 떵 하이 아]

· 3층 침대로 주세요.
Cho tôi giường tầng ba ạ.
[쩌 또이 지으엉 떵 바 아]

27 표 가격

giá vé
[지아 배]

· 표 가격은 얼마인가요?
Giá vé bao nhiêu ạ?
[지아 배 바오 니에우 아]

· 부드러운 좌석 칸은 얼마인가요?
Ghế mềm giá bao nhiêu vậy ạ?
[게 멤 지아 바오 니에우 버이 아]

택시 & 기차

호텔 148p   식당 176p   관광 198p   쇼핑 220p   귀국 240p

- 딱딱한 좌석은요?

  Giá ghế cứng thì sao ạ?
  [지아 게 끙 티 싸오 아]

- 부드러운 침대칸은
  얼마인가요?

  **Giá vé cho giường mềm là
  bao nhiêu vậy ạ?**
  [지아 배 쩌 지으엉 멤 라 바오 니에우 버이 아]

- 딱딱한 침대칸은 얼마인가요?

  **Giá vé cho giường cứng là
  bao nhiêu vậy ạ?**
  [지아 배 쩌 지으엉 끙 라 바오 니에우 버이 아]

- 신용카드가 되나요?

  **Thanh toán bằng thẻ tín dụng
  được không ạ?**
  [타잉 또안 방 태 띤 줌 드억 콤 아]

- 현금이 없어요.

  Tôi không có tiền mặt ạ.
  [또이 콤 꺼 띠엔 맏 아]

28 편도 ▶│

một chiều
[몯 찌에우]

- 편도로 두 장 주세요.

  Cho tôi 2 vé một chiều ạ.
  [쩌 또이 하이 배 몯 찌에우 아]

- 이것이 편도 표 맞나요?

  **Đây có phải là vé một chiều không
  vậy ạ?**
  [더이 꺼 파이 라 배 몯 찌에우 콤 버이 아]

- 이것은 편도 표가 아니에요.

  Đây không phải là vé một chiều ạ.
  [더이 콤 파이 라 배 몯 찌에우 아]

29 왕복 ↹

khứ hồi
[크 호이]

· 왕복으로 한 장 주세요.
Cho tôi một vé khứ hồi nhé.
[쩌 또이 몯 배 크 호이 내]

· 이것이 왕복표가 맞나요?
Đây đúng là vé khứ hồi chứ ạ?
[더이 둠 라 배 크 호이 쯔 아]

· 이것은 왕복표가 아니에요.
Đây không phải là vé khứ hồi ạ.
[더이 콤 파이 라 배 크 호이 아]

· 왕복표로 바꿀 수 있나요?
**Tôi có thể đổi vé này sang
vé khứ hồi không ạ?**
[또이 꺼 테 도이 배 나이 쌍 배 크 호이 콤 아]

택시
&
기차

★ 베트남 더 알기! **3. 베트남 택시 앱 Grab**

Grab은 동남아시아 1위의 택시 공유 서비스 업체로
교통체증이 심한 나라에는 자동차 택시뿐만 아니라
오토바이 택시 서비스도 제공합니다.
일반 택시의 경우 '요금이 비싸다, 잔돈을 잘 주지
않는다, 빙빙 돌아간다' 등의 불만이 많았는데,
Grab은 간단하게 앱을 다운받아 현재 위치와
목적지를 입력하면 가격이 나오고 목적지로 가는
도중 도로 사정이 좋지 않다거나 기사님이 돌아가
더라도 처음 제시된 가격을 내면 되기 때문에 경제적입니다. 기사님을 기다리는 동안
차가 어디쯤 왔는지 앱에 표시가 되므로 차량번호를 확인한 후 이용하면 됩니다

위급상황

필요한 단어! `T 04-03`

01	창문	cửa sổ [끄어 쏘]
02	차 문	cửa xe [끄어 쌔]
03	돌아가다	đi lòng vòng [디 럼 범]
04	분실	bị mất [비 먿]
05	표	vé [배]
06	잘못 타다	đi nhầm [디 념]

빨리 찾아 말하면 OK! T04-04

· 창문 쪽으로 주세요.	**Cho tôi chỗ cạnh cửa sổ ạ.** [쩌 또이 쪼 까잉 끄어 쏘 아]
· 창문이 잘 안 닫혔어요.	**Cửa sổ không đóng chặt rồi ạ.** [끄어 쏘 콤 덤 짠 조이 아]
· 차문을 다시 세게 닫아주세요.	**Làm ơn đóng mạnh cửa xe lại ạ.** [람 언 덤 마잉 끄어 쌔 라이 아]
· 돌아가는 거 아니시죠?	**Không phải anh/chị đang đi lòng vòng đấy chứ ạ?** [콤 파이 아잉/찌 당 디 럼 범 더이 쯔 아]
· 돌아가는 것 같아요.	**Hình như anh/chị đang đi lòng vòng đấy ạ.** [힝 니으 아잉/찌 당 디 럼 범 더이 아]
· 계속 빙빙 돌아가는 것 같아요.	**Hình như cứ đi lòng vòng mãi đấy ạ.** [힝 니으 끄 디 럼 범 마이 더이 아]
· 표를 분실했어요.	**Tôi bị mất vé ạ.** [또이 비 먿 배 아]
· 가방을 분실했어요.	**Tôi bị mất túi xách ạ.** [또이 비 먿 뚜이 싸익 아]
· 표를 잘못 샀어요.	**Tôi đã mua lầm vé ạ.** [또이 다 무어 럼 배 아]
· 기차를 잘못 탔어요.	**Tôi đã đi nhầm tàu hỏa ạ.** [또이 다 디 념 따우 호아 아]
· 버스를 잘못 탔어요.	**Tôi đã đi nhầm xe buýt ạ.** [또이 다 디 념 쌔 부읻 아]

Tắc xi! Tắc xi!

택시! 택시!

왜 택시가
그냥 지나가지…

앳!

**Tôi có thể đón tắc xi
ở đâu ạ?**

택시는 어디에서 잡을 수 있나요?

Chị ra đường lớn
để đón nhé.

큰길로 나가서
잡으셔야 해요.

택시
&
기차

망설이지 말자!
Chúng ta đừng chần chừ nữa!

택시는 어디에 있나요?
Tắc xi chỗ nào ạ?
[딱 씨 쪼 나오 아]

사파 가는 티켓을 한 장 주세요.
Cho tôi 2 vé đi Sapa ạ.
[쩌 또이 하이 배 디 싸빠 아]

죄송합니다만, 저는 잔돈이 없어요.
Xin lỗi. Tôi không có tiền lẻ ạ.
[씬 로이 또이 콤 꺼 띠엔 래 아]

PART 05

차량 렌트와
투어 예약하기

차량 렌트 &
투어 예약

많은 단어를 알 필요 없다
왜? 말할 게 뻔하니까!

T 05-01

01	여권	**hộ chiếu** [호 찌에우]
02	렌트하다	**thuê** [투에]
03	운전면허증	**bằng lái xe** [방 라이 쌔]
04	렌트 비용	**giá thuê** [지아 투에]
05	헬멧	**mũ bảo hiểm / nón bảo hiểm** [무 바오 히엠 / 넌 바오 히엠]
06	보증금	**tiền đặt cọc** [띠엔 닫 껍]
07	종류	**loại** [로아이]
08	주유하다	**đổ xăng** [도 쌍]
09	~하는 법을 알려주세요	**chỉ tôi cách** [찌 또이 까익]
10	4인승 차	**xe ô tô 4 chỗ** [쌔 오 또 본 쪼]
11	차 브랜드	**hãng xe** [항 쌔]

12	얼마나	**bao lâu** [바오 러우]
13	차 반납	**trả xe** [짜 쌔]
14	(차) 보험	**bảo hiểm (xe)** [바오 히엠 쌔]
15	투어	**tour du lịch** [뚜어 주 릭]
16	투어를 예약하다	**đặt tour** [닫 뚜어]
17	1박2일	**hai ngày một đêm** [하이 응아이 몯 뎀]
18	포함하다	**bao gồm** [바오 곰]
19	일정	**lịch trình** [릭 찡]
20	투어 비용	**giá tour** [지아 뚜어]
21	가이드	**hướng dẫn viên** [흐엉 전 비엔]
22	출발	**xuất phát** [쑤얻 팓]

렌트
&
투어

빨리 찾아 읽으세요! T05-02

01 여권  hộ chiếu
[호 찌에우]

· 여권을 보여주세요.
Xin cho tôi xem hộ chiếu ạ.
[씬 쩌 또이 쌤 호 찌에우 아]

· 여권을 맡겨주세요.
Anh/Chị vui lòng để lại hộ chiếu ạ.
[아잉/찌 부이 럼 데 라이 호 찌에우 아]

· 여권을 숙소에 두고 왔어요.
Tôi để hộ chiếu ở khách sạn rồi ạ.
[또이 데 호 찌에우 어 카익 싼 조이 아]

· 여권이 필요한가요?
Có cần hộ chiếu không ạ?
[꺼 껀 호 찌에우 콤 아]

· 신분증이 필요한가요?
Có cần chứng minh nhân dân không ạ?
[꺼 껀 쯩 밍 년 전 콤 아]

02 렌트하다  thuê
[투에]

· 오토바이를 빌리고 싶어요.
Tôi muốn thuê xe máy ạ.
[또이 무온 투에 쌔 마이 아]

· 스쿠터를 빌리고 싶어요.
Tôi muốn thuê xe tay ga ạ.
[또이 무온 투에 쌔 따이 가 아]

· 자동차를 빌리고 싶어요.
Tôi muốn thuê xe ô tô ạ.
[또이 무온 투에 쌔 오 또 아]

· 전기 자전거를 빌리고 싶어요.
Tôi muốn thuê xe đạp điện ạ.
[또이 무온 투에 쌔 답 디엔 아]

- 어디에서 오토바이를
  빌릴 수 있나요?

  Tôi có thể thuê xe máy ở đâu ạ?
  [또이 꺼 테 투에 쌔 마이 어 더우 아]

- 차를 렌트하는 곳은
  어디인가요?

  Chỗ thuê xe ô tô ở đâu ạ?
  [쪼 투에 쌔 오 또 어 더우 아]

03 운전면허증 bằng lái xe
[방 라이 쌔]

- 운전면허증을 보여주세요.

  Xin cho tôi xem bằng lái xe ạ.
  [씬 쩌 또이 쌤 방 라이 쌔 아]

- 운전면허증을 맡겨주세요.

  Anh/Chị vui lòng để lại bằng lái xe ạ.
  [아잉/찌 부이 렁 데 라이 방 라이 쌔 아]

- 운전면허증 가지고 있나요?

  Anh/Chị có bằng lái xe không ạ?
  [아잉/찌 꺼 방 라이 쌔 콤 아]

- 국제면허증이 필요한가요?

  Có cần bằng lái xe quốc tế không ạ?
  [꺼 껀 방 라이 쌔 꾸옥 떼 콤 아]

04 렌트 비용 giá thuê
[지아 투에]

- 하루 빌리는데 얼마인가요?

  Thuê một ngày thì giá bao nhiêu ạ?
  [투에 몯 응아이 티 지아 바오 니에우 아]

- 3일 빌리는데 얼마인가요?

  Thuê ba ngày thì giá bao nhiêu ạ?
  [투에 바 응아이 티 지아 바오 니에우 아]

- 일주일 빌리는데 얼마인가요?

  Thuê một tuần thì giá bao nhiêu ạ?
  [투에 몯 뚜언 티 지아 바오 니에우 아]

렌트
&
투어

05 헬멧

mũ bảo hiểm/nón bảo hiểm
[무 바오 히엠/넌 바오 히엠]

· 헬멧이 너무 작아요.

Mũ bảo hiểm này chật quá ạ.
[무 바오 히엠 나이 쩥 꾸아 아]

· 헬멧이 너무 커요.

Mũ bảo hiểm này to quá ạ.
[무 바오 히엠 나이 떠 꾸아 아]

· 헬멧을 하나 더 주실 수 있나요?

Anh/Chị có thể cho tôi thêm một cái mũ bảo hiểm được không ạ?
[아잉/찌 꺼 테 쩌 또이 템 몯 까이 무 바오 히엠 드억 콤 아]

06 보증금

tiền đặt cọc
[띠엔 닫 껍]

· 보증금을 내야 하나요?

Tôi phải trả tiền đặt cọc ạ?
[또이 파이 짜 띠엔 닫 껍 아]

· 보증금은 얼마인가요?

Tiền đặt cọc là bao nhiêu ạ?
[띠엔 닫 껍 라 바오 니에우 아]

07 종류

loại
[로아이]

· 어떤 종류의 오토바이를 빌리기 원하세요?

Anh/Chị muốn thuê xe máy loại nào ạ?
[아잉/찌 무온 투에 쌔 마이 로아이 나오 아]

· 어떤 종류의 차를 빌리기 원하세요?

Anh/Chị muốn thuê xe ô tô loại nào ạ?
[아잉/찌 무온 투에 쌔 오 또 로아이 나오 아]

- 저는 기어가 있는 오토바이를
  빌리고 싶어요.
  Tôi muốn thuê xe số ạ.
  [또이 무온 투에 쌔 쏘 아]

- 지프 차를 빌리고 싶어요.
  Tôi muốn thuê xe Jeep ạ.
  [또이 무온 투에 쌔 짚 아]

- 당신이 추천해주세요.
  Anh/Chị hãy giới thiệu cho tôi nhé.
  [아잉/찌 하이 지어이 티에우 쩌 또이 내]

08 주유하다
đổ xăng
[도 쌍]

- 주유는 어디에서 하나요?
  Đổ xăng ở đâu ạ?
  [도 쌍 어 더우 아]

- 주유소는 어디인가요?
  Trạm xăng ở đâu ạ?
  [짬 쌍 어 더우 아]

- 기름은 1ℓ에 얼마인가요?
  Một lít xăng bao nhiêu ạ?
  [몯 릳 쌍 바오 니에우 아]

- 근처에 주유소가 있나요?
  Gần đây có trạm xăng nào không ạ?
  [건 더이 꺼 짬 쌍 나오 콤 아]

렌트
&
투어

09 ~하는 법을
   알려주세요
chỉ tôi cách
[찌 또이 까익]

- 시동 거는 법을 알려주세요.
  Xin hãy chỉ tôi cách khởi động ạ.
  [씬 하이 찌 또이 까익 커이 돔 아]

- 의자 여는 법을 알려주세요.
  Xin hãy chỉ tôi cách mở cốp xe máy ạ.
  [씬 하이 찌 또이 까익 머 꼽 쌔 마이 아]

- 라이트 켜는 법을 알려주세요.
  Xin hãy chỉ tôi cách bật đèn ạ.
  [씬 하이 찌 또이 까익 벋 댄 아]

- 깜빡이 등 켜는 법을
  알려주세요.
  Xin hãy chỉ tôi cách bật đèn xi nhan ạ.
  [씬 하이 찌 또이 까익 벋 댄 씨 냔 아]

10 4인승 차

xe ô tô 4 chỗ
[쌔 오 또 본 쪼]

· 4인승 차로 빌리고 싶어요.
Tôi muốn thuê xe ô tô 4 chỗ ạ.
[또이 무온 투에 쌔 오 또 본 쪼 아]

· 7인승 차로 빌리고 싶어요.
Tôi muốn thuê xe ô tô 7 chỗ ạ.
[또이 무온 투에 쌔 오 또 바이 쪼 아]

· 16인승 차로 빌리고 싶어요.
Tôi muốn thuê xe ô tô 16 chỗ ạ.
[또이 무온 투에 쌔 오 또 므어이 싸우 쪼 아]

· 기사가 있는 차로 렌트
하실 건가요?
Anh/Chị có muốn thuê xe có tài xế không ạ?
[아잉/찌 꺼 무온 투에 쌔 꺼 따이 쎄 콤 아]

11 차 브랜드

hãng xe
[항 쌔]

· 어떤 브랜드 차를 빌리고
싶으세요?
Anh/Chị muốn thuê xe hãng nào ạ?
[아잉/찌 무온 투에 쌔 항 나오 아]

· 어떤 브랜드가 가장 좋나요?
Hãng xe ô tô/xe máy nào tốt nhất ạ?
[항 쌔 오 또/쌔 마이 나오 뜯 녇 아]

· 여기 어떤 종류의 오토바이가
있나요?
Ở đây xe máy có những loại nào ạ?
[어 더이 쌔 마이 꺼 니응 로아이 나오 아]

12 얼마나

bao lâu
[바오 러우]

· 얼마나 오래 빌리실 거예요?
Anh/Chị định thuê xe bao lâu ạ?
[아잉/찌 딩 투에 쌔 바오 러우 아]

· 며칠 빌리실 거예요?　　**Anh/Chị định thuê xe mấy ngày ạ?**
[아잉/찌 딩 투에 쌔 머이 응아이 아]

· 저는 일주일 빌리고 싶어요.　**Tôi muốn thuê xe trong một tuần ạ.**
[또이 무온 투에 쌔 쩜 몯 뚜언 아]

· 저는 장기 렌트를 하고 싶어요.　**Tôi muốn thuê xe dài ngày ạ.**
[또이 무온 투에 쌔 자이 응아이 아]

13 차 반납 　**trả xe**
[짜 쌔]

· 차 반납은 언제까지 해야
하나요?　　**Khi nào tôi phải trả xe ạ?**
[키 나오 또이 파이 짜 쌔 아]

· 차 반납은 어디로 해야
하나요?　　**Tôi phải trả xe ở đâu ạ?**
[또이 파이 짜 쌔 어 더우 아]

· 하루 늦게 반납해도 되나요?　**Tôi trả xe muộn 1 ngày có được
không ạ?**
[또이 짜 쌔 무온 몯 응아이 꺼 드억 콤 아]

렌트 & 투어

14 (차) 보험 　**bảo hiểm (xe)**
[바오 히엠 쌔]

· 차 보험이 있나요?　　**Xe này có bảo hiểm không ạ?**
[쌔 나이 꺼 바오 히엠 콤 아]

· 보험에 가입하고 싶어요.　**Tôi muốn đăng ký bảo hiểm ạ.**
[또이 무온 당 끼 바오 히엠 아]

· 보험에 가입해야만 하나요?　**Tôi phải đăng ký bảo hiểm
đúng không ạ?**
[또이 파이 당 끼 바오 히엠 둠 콤 아]

· 보험비는 얼마인가요?　　**Phí bảo hiểm là bao nhiêu ạ?**
[피 바오 히엠 라 바오 니에우 아]

15 투어

tour du lịch
[뚜어 주 릭]

· 하노이 시내 투어를 알아보고
  있어요.

**Tôi đang tìm hiểu tour tham quan
quanh trung tâm Hà Nội ạ.**
[또이 당 띰 히에우 뚜어 탐 꾸안 꾸아잉 쭘 떰
하 노이 아]

· 호찌민 시내 투어가 있나요?

**Có tour tham quan quanh trung tâm
thành phố Hồ Chí Minh không ạ?**
[꺼 뚜어 탐 꾸안 꾸아잉 쭘 떰 타잉 포 호 찌 밍
콤 아]

· 냐짱 패키지여행이 있나요?

**Có tour du lịch Nha Trang trọn gói
không ạ?**
[꺼 뚜어 주 릭 냐 짱 쩐 거이 콤 아]

· 오전 투어가 있나요?

Có tour sáng không ạ?
[꺼 뚜어 쌍 콤 아]

· 오후 투어가 있나요?

Có tour chiều không ạ?
[꺼 뚜어 찌에우 콤 아]

16 투어를 예약하다

đặt tour
[닫 뚜어]

· 저는 하롱베이 투어를
  예약하고 싶어요.

**Tôi muốn đặt tour du lịch
Vịnh Hạ Long ạ.**
[또이 무온 닫 뚜어 주 릭 빈 하 렁 아]

· 무이네 사막 투어를
  예약하고 싶어요.

**Tôi muốn đặt tour Đồi Cát Trắng
Mũi Né ạ.**
[또이 무온 닫 뚜어 도이 깟 짱 무이 내 아]

· 무이네 지프 투어를
  예약하고 싶어요.

Tôi muốn đặt tour xe Jeep Mũi Né ạ.
[또이 무온 닫 뚜어 쌔 짚 무이 내 아]

· 냐짱 호핑 투어를 예약하고
싶어요.

**Tôi định đặt tour Hopping
Nha Trang ạ.**
[또이 딩 닫 뚜어 호삥 냐 짱 아]

· 투어 예약은 어디에서 하나요?

Tôi có thể đặt tour du lịch ở đâu ạ?
[또이 꺼 테 닫 뚜어 주 릭 어 더우 아]

· 저는 인터넷으로 투어를
예약했어요.

**Tôi đã đặt tour du lịch trên mạng
rồi ạ.**
[또이 다 닫 뚜어 주 릭 쩬 망 조이 아]

17 1박 2일

hai ngày một đêm
[하이 응아이 몯 뎀]

· 반나절

nửa ngày
[느어 응아이]

· 하루

1 ngày
[몯 응아이]

· 1박 2일

hai ngày một đêm
[하이 응아이 몯 뎀]

· 2박 3일

ba ngày hai đêm
[바 응아이 하이 뎀]

렌트
&
투어

18 포함하다

bao gồm
[바오 곰]

· 투어에는 무엇이 포함되어
있나요?

Tour bao gồm những gì ạ?
[뚜어 바오 곰 니응 지 아]

· 투어에는 식사가 포함되어
있나요?

Tour có bao gồm bữa ăn không ạ?
[뚜어 꺼 바오 곰 브어 안 콤 아]

19 일정

lịch trình
[릭 찡]

· 투어 일정은 어떻게 되나요?
Lịch trình tour thế nào ạ?
[릭 찡 뚜어 테 나오 아]

· 투어 일정을 선택할 수 있나요?
Tôi có thể chọn lịch trình tour không ạ?
[또이 꺼 테 쩐 릭 찡 뚜어 콤 아]

· 투어에 어떤 프로그램이 있나요?
Có những chương trình nào trong tour ạ?
[꺼 니응 쯔엉 찡 나오 쩜 뚜어 아]

20 투어 비용

giá tour
[지아 뚜어]

· 투어 비용은 어떻게 되나요?
Giá tour bao nhiêu ạ?
[지아 뚜어 바오 니에우 아]

· 어린이 투어 비용은 어떻게 되나요?
Giá tour cho trẻ em thì sao ạ?
[지아 뚜어 쩌 째 앰 티 싸오 아]

· 총비용은 얼마인가요?
Tổng cộng là bao nhiêu ạ?
[똠 꼼 라 바오 니에우 아]

21 가이드

hướng dẫn viên
[흐엉 전 비엔]

· 가이드가 있나요?

Có hướng dẫn viên không ạ?
[꺼 흐엉 전 비엔 콤 아]

· 영어가 가능한 가이드가 있나요?

Có hướng dẫn viên tiếng Anh không ạ?
[꺼 흐엉 전 비엔 띠엥 아잉 콤 아]

· 한국어가 가능한 가이드가 있나요?

Có hướng dẫn viên tiếng Hàn không ạ?
[꺼 흐엉 전 비엔 띠엥 한 콤 아]

렌트
&
투어

22 출발

xuất phát
[쑤얻 팥]

· 어디에서 출발하나요?

Xuất phát từ đâu ạ?
[쑤얻 팥 뜨 더우 아]

· 출발은 몇 시인가요?

Xuất phát lúc mấy giờ ạ?
[쑤얻 팥 룹 머이 지어 아]

· 어디에서 모여야 하나요?

Tập trung ở đâu ạ?
[떱 쭘 어 더우 아]

· 호텔 픽업 서비스가 있나요?

Có dịch vụ đón khách tại khách sạn không ạ?
[꺼 직 부 던 카익 따이 카익 싼 콤 아]

· 픽업 시간은 몇 시인가요?

Thời gian đón khách là mấy giờ ạ?
[터이 지안 던 카익 라 머이 지어 아]

위급상황

필요한 단어! T 05-03

01	사고 나다	**bị tai nạn** [비 따이 난]
02	잃어버리다	**bị mất** [비 멀]
03	차를 확인하다	**kiểm tra xe** [끼엠 짜 쌔]
04	바꾸다	**đổi** [도이]
05	놓치다	**lỡ** [러]
06	취소하다	**hủy** [후이]

빨리 찾아 말하면 OK! T 05-04

· 접촉 사고가 났어요.
Tôi bị tai nạn va chạm với xe khác ạ.
[또이 비 따이 난 바 짬 버이 쌔 칵 아]

· 오토바이를 잃어버렸어요.
Tôi bị mất xe máy ạ.
[또이 비 멀 쌔 마이 아]

· 오토바이 키를 잃어버렸어요.
Tôi bị mất chìa khóa xe máy ạ.
[또이 비 멀 찌어 코아 쌔 마이 아]

· 여행 티켓을 잃어버렸어요.
Tôi bị mất vé du lịch rồi ạ.
[또이 비 멀 배 주 릭 조이 아]

· 차 상태를 확인할게요.
Tôi sẽ kiểm tra tình trạng xe ạ.
[또이 쌔 끼엠 짜 띵 짱 쌔 아]

· 다른 오토바이로 바꿔주세요.
Anh/Chị hãy đổi cho tôi xe máy khác ạ.
[아잉/찌 하이 도이 쩌 또이 쌔 마이 칵 아]

· 다른 차로 바꿔주세요.
Anh/Chị hãy đổi cho tôi xe ô tô khác ạ.
[아잉/찌 하이 도이 쩌 또이 쌔 오 또 칵 아]

· 버스를 놓쳤어요.
Tôi bị lỡ xe buýt ạ.
[또이 비 러 쌔 부읻 아]

· 기차를 놓쳤어요.
Tôi bị lỡ xe lửa ạ.
[또이 비 러 쌔 르어 아]

· 오늘 일정을 취소하고 싶어요.
Tôi muốn hủy lịch trình hôm nay ạ.
[또이 무온 후이 릭 찡 홈 나이 아]

렌트 & 투어

안녕하세요!
오토바이를 빌리려고요.

Thuê hai ngày thì giá bao nhiêu ạ?

이틀 빌리는 데 얼마예요?

5 trăm nghìn ạ.

50만 동이에요.

내가 베트남에서
오토바이를 타고 있다니!

렌트
&
투어

망설이지 말자!
Chúng ta đừng chần chừ nữa!

3만 동 넣어주세요.

Đổ cho tôi 30 nghìn xăng ạ.

[도 쩌 또이 바 므어이 응인 쌍 아]

추천해주실만한 투어가 있나요?

**Anh/Chị có thể giới thiệu cho tôi
tour nào hay không ạ?**

[아잉/찌 꺼 테 지어이 티에우 쩌 또이 뚜어
나오 하이 콤 아]

PART 06

호텔에서

호텔에서

많은 단어를 알 필요 없다
왜? 말할 게 뻔하니까!

T 06-01

01	로비	**sảnh** [싸잉]
02	예약	**đặt phòng** [닫 펑]
03	체크인	**nhận phòng** [년 펑]
04	얼마	**bao nhiêu** [바오 니에우]
05	조식	**ăn sáng/bữa sáng** [안 쌍/브어 쌍]
06	방 키	**chìa khóa phòng** [찌어 코아 펌]
07	엘리베이터	**thang máy** [탕 마이]
08	몇 층	**tầng mấy** [떵 머이]
09	짐	**hành lý** [하잉 리]
10	전망	**tầm nhìn** [떰 닌]
11	침대	**giường** [지으엉]

호텔

빨리 찾아 읽으세요!

01 로비

sảnh
[싸잉]

- 로비는 어디인가요?
  Sảnh ở đâu ạ?
  [싸잉 어 더우 아]

- 로비를 못 찾겠어요.
  Tôi không thể tìm thấy sảnh khách sạn ạ.
  [또이 콤 테 띰 터이 싸잉 카익 싼 아]

- 로비로 데려다주세요.
  Cho tôi đến sảnh khách sạn ạ.
  [쩌 또이 덴 싸잉 카익 싼 아]

02 예약

đặt phòng
[닫 펌]

- 예약했어요.
  Tôi đã đặt phòng rồi ạ.
  [또이 다 닫 펌 조이 아]

- 예약을 안 했어요.
  Tôi chưa đặt phòng ạ.
  [또이 쯔어 닫 펌 아]

- 이 사이트로 예약했어요.
  Tôi đã đặt phòng qua trang web này ạ.
  [또이 다 닫 펌 꾸아 짱 웹 나이 아]

- 제 이름 이수진으로 예약했어요.
  Tôi đã đặt phòng với tên tôi Lee Soo Jin ạ.
  [또이 다 닫 펌 버이 뗀 또이 이수진 아]

호텔

03 체크인 🎫

nhận phòng
[년 펌]

- 체크인할게요.
  Tôi sẽ nhận phòng ạ.
  [또이 쌔 년 펌 아]

- 체크인은 어디에서 하나요?
  Làm thủ tục nhận phòng ở đâu ạ?
  [람 투 뚭 년 펌 어 더우 아]

- 체크인은 몇 시에 하나요?
  Mấy giờ có thể nhận phòng ạ?
  [머이 지어 꺼 테 년 펌 아]

- 체크인하기 전에 짐을 맡아
  주세요.
  Xin giữ hành lý giúp tôi trước khi nhận phòng ạ.
  [씬 지으 하잉 리 지웁 또이 쯔억 키 년 펌 아]

04 얼마 💰?

bao nhiêu
[바오 니에우]

- 1박에 얼마인가요?
  Một đêm bao nhiêu ạ?
  [몯 뎀 바오 니에우 아]

- 2박에 얼마인가요?
  Hai đêm bao nhiêu ạ?
  [하이 뎀 바오 니에우 아]

- 할인을 받을 수 있나요?
  Tôi có thể được giảm giá không ạ?
  [또이 꺼 테 드억 지암 지아 콤 아]

05 조식 ☕

ăn sáng/bữa sáng
[안 쌍/브어 쌍]

- 몇 시부터 조식을 먹을 수
  있나요?
  Tôi có thể ăn sáng từ lúc mấy giờ ạ?
  [또이 꺼 테 안 쌍 뜨 룹 머이 지어 아]

· 조식은 몇 시까지 하나요?

Bữa sáng phục vụ đến mấy giờ ạ?
[브어 쌍 푹 부 덴 머이 지어 아]

· 조식은 어디에서 먹나요?

Tôi có thể ăn sáng ở đâu ạ?
[또이 꺼 테 안 쌍 어 더우 아]

· 조식으로 무엇이 나오나요?

Bữa sáng có những món gì ạ?
[브어 쌍 꺼 니응 먼 지 아]

· 조식을 포함하면 얼마인가요?

**Nếu bao gồm ăn sáng thì
bao nhiêu ạ?**
[네우 바오 곰 안 쌍 티 바오 니에우 아]

06 방 키 🔑

chìa khóa phòng
[찌어 코아 펌]

· 방 키를 하나 더 주세요.

**Cho tôi xin thêm một cái chìa khóa
phòng ạ.**
[쩌 또이 씬 템 몯 까이 찌어 코아 펌 아]

· 방 키가 없어졌어요.

Tôi bị mất chìa khóa phòng rồi ạ.
[또이 비 멀 찌어 코아 펌 조이 아]

· 키를 방에 두고 왔어요.

**Tôi đã để quên chìa khóa trong
phòng rồi ạ.**
[또이 다 데 꾸엔 찌어 코아 쩜 펌 조이 아]

· 방 키가 안 돼요.

Chìa khóa phòng này không được ạ.
[찌어 코아 펌 나이 콤 드억 아]

· 방 키는 어떻게 꽂나요?

Tôi phải cắm chìa khóa thế nào ạ?
[또이 파이 깜 찌어 코아 테 나오 아]

· 방 키를 좀 맡아주세요.

Xin giữ giúp tôi chìa khóa phòng ạ.
[씬 지으 지웁 또이 찌어 코아 펌 아]

07 엘리베이터 🗑 thang máy
[탕 마이]

· 엘리베이터는 어디에 있나요? **Thang máy ở đâu ạ?**
[탕 마이 어 더우 아]

· 엘리베이터 문이 안 열려요. **Cửa thang máy không mở được ạ.**
[끄어 탕 마이 콤 머 드억 아]

· 1층 버튼은 어떤 건가요? **Cái nào là nút tầng một ạ?**
[까이 나오 라 눝 떵 몯 아]

08 몇 층 📶 tầng mấy
[떵 머이]

· 제 방은 몇 층인가요? **Phòng tôi ở tầng mấy ạ?**
[펌 또이 어 떵 머이 아]

· 자판기는 몇 층에 있나요? **Máy bán hàng tự động ở tầng mấy ạ?**
[마이 반 항 뜨 돔 어 떵 머이 아]

· 수영장은 몇 층에 있나요? **Bể bơi ở tầng mấy ạ?**
[베 버이 어 떵 머이 아]

· 헬스장은 몇 층에 있나요? **Phòng gym ở tầng mấy ạ?**
[펌 짐 어 떵 머이 아]

· 스파숍은 몇 층에 있나요? **Spa ở tầng mấy ạ?**
[스빠 어 떵 머이 아]

· 1층에 있어요. **Ở tầng một ạ.**
[어 떵 몯 아]

· 2층에 있어요.　　　　　　　**Ở tầng hai ạ.**
　　　　　　　　　　　　　　　[어 떵 하이 아]

· 3층에 있어요.　　　　　　　**Ở tầng ba ạ.**
　　　　　　　　　　　　　　　[어 떵 바 아]

· 4층에 있어요.　　　　　　　**Ở tầng bốn ạ.**
　　　　　　　　　　　　　　　[어 떵 본 아]

09 짐 　　　hành lý
　　　　　　　　　　　　　　　[하잉 리]

· 짐을 맡길 수 있나요?　　　　**Tôi có thể gửi hành lý không ạ?**
　　　　　　　　　　　　　　　[또이 꺼 테 그이 하잉 리 콤 아]

· 짐을 올려 주실 수 있나요?　 **Anh/Chị có thể xách hành lý lên**
　　　　　　　　　　　　　　　phòng giúp tôi được không ạ?
　　　　　　　　　　　　　　　[아잉/찌 꺼 테 싸익 하잉 리 렌 펌 지웁 또이
　　　　　　　　　　　　　　　드억 콤 아]

· 이것은 제 짐이 아니에요.　　**Cái này không phải là hành lý**
　　　　　　　　　　　　　　　của tôi ạ.
　　　　　　　　　　　　　　　[까이 나이 콤 파이 라 하잉 리 꾸어 또이 아]

· 제 짐이 없어졌어요.　　　　 **Hành lý của tôi bị thất lạc rồi ạ.**
　　　　　　　　　　　　　　　[하잉 리 꾸어 또이 비 턴 락 조이 아]

· 제 짐을 찾아주세요.　　　　 **Xin hãy tìm hành lý giúp tôi.**
　　　　　　　　　　　　　　　[씬 하이 띰 하잉 리 지웁 또이]

호텔

10 전망

tầm nhìn
[떰 닌]

· 바다가 보이는 전망으로
주세요.

Xin cho tôi phòng nhìn ra biển ạ.
[씬 쩌 또이 펌 닌 자 비엔 아]

· 도심이 보이는 전망으로
주세요.

**Xin cho tôi phòng nhìn ra
thành phố ạ.**
[씬 쩌 또이 펌 닌 자 타잉 포 아]

· 전망 좋은 방으로 주세요.

Xin cho tôi phòng có tầm nhìn đẹp ạ.
[씬 쩌 또이 펌 꺼 떰 닌 댑 아]

· 전망이 별로예요.

**Phòng này có tầm nhìn không đẹp
lắm ạ.**
[펌 나이 꺼 떰 닌 콤 댑 람 아]

11 침대

giường
[지으엉]

· 싱글 침대로 주세요.

Xin cho tôi giường đơn ạ.
[씬 쩌 또이 지으엉 던 아]

· 더블 침대로 주세요.

Xin cho tôi giường đôi ạ.
[씬 쩌 또이 지으엉 도이 아]

· 킹사이즈 침대로 주세요.

Xin cho tôi giường lớn nhất ạ.
[씬 쩌 또이 지으엉 런 녇 아]

· 킹사이즈 침대 있는 방은
얼마인가요?

**Phòng có giường lớn nhất là
bao nhiêu ạ?**
[펌 꺼 지으엉 런 녇 라 바오 니에우 아]

12 내방 🚪

phòng tôi
[펌 또이]

· 방은 어디인가요?

Phòng tôi ở đâu ạ?
[펌 또이 어 더우 아]

· 방이 어두워요.

Phòng tôi tối quá ạ.
[펌 또이 또이 꾸아 아]

· 방이 너무 밝아요.

Phòng tôi sáng quá ạ.
[펌 또이 쌍 꾸아 아]

· 방이 너무 더워요.

Phòng tôi nóng quá ạ.
[펌 또이 넘 꾸아 아]

· 방이 너무 추워요.

Phòng tôi lạnh quá ạ.
[펌 또이 라잉 꾸아 아]

· 방에서 냄새가 나요.

Phòng tôi có mùi ạ.
[펌 또이 꺼 무이 아]

13 수건 🧽

khăn (tắm)
[칸 (땀)]

· 수건을 더 주세요.

Cho tôi xin thêm cái khăn ạ.
[쩌 또이 씬 템 까이 칸 아]

· 수건이 없어요.

Phòng tôi không có khăn ạ.
[펌 또이 콤 꺼 칸 아]

· 수건이 더러워요.

Cái khăn này bẩn quá ạ.
[까이 칸 나이 번 꾸아 아]

· 깨끗한 수건으로 주세요.

Cho tôi xin cái khăn sạch ạ.
[쩌 또이 씬 까이 칸 싸익 아]

· 큰 수건으로 주세요.

Cho tôi xin cái khăn tắm ạ.
[쩌 또이 씬 까이 칸 땀 아]

호텔

14 칫솔 🪥

bàn chải đánh răng
[반 짜이 다잉 장]

· 칫솔이 없어요.
**Phòng tôi không có
bàn chải đánh răng ạ.**
[펌 또이 콤 꺼 반 짜이 다잉 장 아]

· 칫솔을 주세요.
Cho tôi xin cái bàn chải đánh răng ạ.
[쩌 또이 씬 까이 반 짜이 다잉 장 아]

· 칫솔을 하나 더 주세요.
**Cho tôi xin thêm
cái bàn chải đánh răng ạ.**
[쩌 또이 씬 템 까이 반 짜이 다잉 장 아]

· 부드러운 칫솔은 없나요?
**Có bàn chải đánh răng loại mềm
không ạ?**
[꺼 반 짜이 다잉 장 로아이 멤 콤 아]

· 어린이용 칫솔을 주세요.
**Cho tôi xin cái bàn chải đánh răng
dành cho trẻ em ạ.**
[쩌 또이 씬 까이 반 짜이 다잉 장 자잉 쩌 앰 아]

· 치약을 주세요.
Cho tôi xin hộp kem đánh răng ạ.
[쩌 또이 씬 홉 깸 다잉 장 아]

· 어린이용 치약이 있나요?
**Có kem đánh răng dành cho
trẻ em không ạ?**
[꺼 깸 다잉 장 자잉 쩌 앰 콤 아]

15 베개 🛏

gối
[고이]

· 베개를 하나 더 주세요.
Cho tôi xin thêm một cái gối ạ.
[쩌 또이 씬 템 몯 까이 고이 아]

· 베개가 너무 딱딱해요.　　**Cái gối này cứng quá ạ.**
[까이 고이 나이 끙 꾸아 아]

· 베개가 너무 높아요.　　**Cái gối này cao quá ạ.**
[까이 고이 나이 까오 꾸아 아]

· 베개가 너무 낮아요.　　**Cái gối này thấp quá ạ.**
[까이 고이 나이 텁 꾸아 아]

· 큰 베개가 있나요?　　**Có gối nào to hơn không ạ?**
[꺼 고이 나오 떠 헌 콤 아]

16 드라이기 🔌　　**máy sấy tóc**
[마이 써이 떱]

· 드라이기를 주세요.　　**Cho tôi xin máy sấy tóc ạ.**
[쩌 또이 씬 마이 써이 떱 아]

· 드라이기가 없어요.　　**Phòng tôi không có máy sấy tóc ạ.**
[펌 또이 콤 꺼 마이 써이 떱 아]

· 드라이기가 잘 안 돼요.　　**Máy sấy tóc này không được tốt lắm ạ.**
[마이 써이 떱 나이 콤 드억 똗 람 아]

· 드라이기가 고장 났어요.　　**Máy sấy tóc này bị hỏng rồi ạ.**
[마이 써이 떱 나이 비 험 조이 아]

17 욕조 🛁　　**bồn tắm**
[본 땀]

· 욕조가 더러워요.　　**Bồn tắm bẩn quá ạ.**
[본 땀 번 꾸아 아]

호텔

· 욕조 청소를 해주세요.

Xin hãy lau dọn bồn tắm giúp tôi ạ.
[씬 하이 라우 전 본 땀 지웁 또이 아]

· 욕조의 물이 안 빠져요.

Nước trong bồn tắm không thoát được ạ.
[느억 쪔 본 땀 콤 토앗 드억 아]

18 물 🥤

nước
[느억]

· 물이 안 나와요.

Phòng tôi không có nước ạ.
[펌 또이 콤 꺼 느억 아]

· 뜨거운 물만 나와요.

Nhà tắm phòng tôi chỉ có nước nóng thôi ạ.
[냐 땀 펌 또이 찌 꺼 느억 넘 토이 아]

· 차가운 물만 나와요.

Nhà tắm phòng tôi chỉ có nước lạnh thôi ạ.
[냐 땀 펌 또이 찌 꺼 느억 라잉 토이 아]

· 물 온도 조절이 안 돼요.

Phòng tôi không điều chỉnh nhiệt độ nước được ạ.
[펌 또이 콤 디에우 찡 니엗 도 느억 드억 아]

· 샤워기에서 물이 안 나와요.

Vòi hoa sen không ra nước ạ.
[버이 호아 쌘 콤 자 느억 아]

· 변기 물이 안 내려가요.

Nước trong bồn cầu không thoát được ạ.
[느억 쪔 본 꺼우 콤 토앗 드억 아]

19 인터넷 📶

Internet
[인떠넷]

· 인터넷이 안 돼요.

Không kết nối Internet được ạ.
[콤 껟 노이 인떠넷 드억 아]

· 인터넷을 할 수 있는 곳은 어디인가요?

Chỗ nào có thể sử dụng được Internet ạ?
[쪼 나오 꺼 테 쓰 줌 드억 인떠넷 아]

· 와이파이가 안 터져요.

Wifi không truy cập được ạ.
[와이파이 콤 쭈이 껍 드억 아]

· 와이파이 터지는 곳은 어디인가요?

Chỗ nào có thể truy cập wifi ạ?
[쪼 나오 꺼 테 쭈이 껍 와이파이 아]

· 컴퓨터를 쓸 수 있는 곳은 어디인가요?

Chỗ nào có thể sử dụng máy tính ạ?
[쪼 나오 꺼 테 쓰 줌 마이 띵 아]

20 텔레비전

tivi
[띠비]

· 텔레비전이 안 나와요.

Tivi không lên hình ạ.
[띠비 콤 렌 힝 아]

· 리모컨이 안 돼요.

Điều khiển không hoạt động ạ.
[디에우 키엔 콤 호앝 돔 아]

· 음량조절을 어떻게 하나요?

Điều chỉnh âm thanh như thế nào ạ?
[디에우 찡 엄 타잉 니으 테 나오 아]

· 채널을 어떻게 바꾸나요?

Đổi kênh như thế nào ạ?
[도이 케잉 니으 테 나오 아]

21 청소

dọn dẹp
[전 잽]

· 청소를 해주세요.

Anh/Chị hãy dọn dẹp phòng giúp tôi ạ.
[아잉/찌 하이 전 잽 펌 지웁 또이 아]

호텔

· 방 청소가 안 되어 있어요.　**Phòng chưa được dọn dẹp ạ.**
[펌 쯔어 드억 전 잽 아]

· 청소는 안 해주셔도 됩니다.　**Anh/Chị không dọn dẹp giúp tôi cũng được ạ.**
[아잉/찌 콤 전 잽 지웁 또이 꿈 드억 아]

· 오후에 청소를 해주세요.　**Anh/Chị hãy dọn dẹp phòng giúp tôi vào buổi chiều ạ.**
[아잉/찌 하이 전 잽 펌 지웁 또이 바오 부오이 찌에우 아]

· 화장실 청소가 안 되어 있어요.　**Nhà vệ sinh chưa được dọn dẹp ạ.**
[냐 베 씽 쯔어 드억 전 잽 아]

· 쓰레기통이 안 비어 있어요.　**Thùng rác chưa được đổ ạ.**
[툼 작 쯔어 드억 도 아]

22 모닝콜 ☼⑨　đặt báo thức
[닫 바오 특]

· 모닝콜을 해주세요.　**Xin anh/chị đặt báo thức cho tôi vào sáng mai.**
[씬 아잉/찌 닫 바오 특 쩌 또이 바오 쌍 마이]

· 7시에 모닝콜을 해주세요.　**Xin hãy đặt báo thức cho tôi lúc 7 giờ ạ.**
[씬 하이 닫 바오 특 쩌 또이 룹 바이 지어 아]

· 모닝콜을 취소할게요.　**Tôi sẽ hủy báo thức ạ.**
[또이 쌔 후이 바오 특 아]

· 모닝콜을 연달아 두 번 해주세요.　**Đặt báo thức hai lần cho tôi nhé.**
[닫 바오 특 하이 런 쩌 또이 내]

23 룸서비스 dịch vụ phòng
[직 부 펌]

· 룸서비스를 시킬게요.
Tôi sẽ đặt các dịch vụ phòng ạ.
[또이 쌔 닫 깍 직 부 펌 아]

· 룸서비스 메뉴를 보고 싶어요.
Tôi muốn xem thực đơn của dịch vụ phòng ạ.
[또이 무온 쌤 특 던 꾸어 직 부 펌 아]

· 룸서비스로 아침을 가져다 주세요.
Anh/Chị hãy mang đến cho tôi món ăn sáng của dịch vụ phòng ạ.
[아잉/찌 하이 망 덴 쩌 또이 먼 안 쌍 꾸어 직 부 펌 아]

· 룸서비스로 레드 와인 한 병 가져다주세요.
Anh/Chị hãy mang đến cho tôi 1 chai rượu vang đỏ ạ.
[아잉/찌 하이 망 덴 쩌 또이 몯 짜이 즈어우 방 도 아]

호텔

24 개인금고 két sắt cá nhân
[깻 쌀 까 년]

· 개인금고는 어떻게 사용하나요?
Sử dụng két sắt cá nhân thế nào ạ?
[쓰 줌 깻 쌀 까 년 테 나오 아]

· 개인금고가 안 열려요.
Két sắt cá nhân không mở được ạ.
[깻 쌀 까 년 콤 머 드억 아]

· 개인금고에 물건이 있어요.
Trong két sắt cá nhân có đồ ạ.
[쩜 깻 쌀 까 년 꺼 도 아]

25 세탁

giặt là
[지얍 라]

· 세탁 서비스를 신청할게요.
Tôi muốn đăng ký dịch vụ giặt là ạ.
[또이 무온 당 끼 직 부 지얍 라 아]

· 세탁 서비스는 언제 오나요?
Dịch vụ giặt là khi nào đến ạ?
[직 부 지얍 라 키 나오 덴 아]

· 세탁물이 망가졌어요.
Đồ giặt bị hỏng rồi ạ.
[도 지얍 비 험 조이 아]

26 얼음

đá
[다]

· 얼음이 없어요.
Không có đá ạ.
[콤 꺼 다 아]

· 얼음은 어디에서 가져오나요?
Tôi có thể lấy đá ở đâu ạ?
[또이 꺼 테 러이 다 어 더우 아]

27 체크아웃

trả phòng
[짜 펌]

· 체크아웃할게요.
Tôi sẽ trả phòng ạ.
[또 쌔 짜 펌 아]

· 체크아웃은 몇 시인가요?
Mấy giờ trả phòng ạ?
[머이 지어 짜 펌 아]

28 계산서

hóa đơn
[호아 던]

· 계산서를 보여주세요.

Xin cho tôi xem hóa đơn ạ.
[씬 쩌 또이 쌤 호아 던 아]

· 자세히 적힌 계산서를
  보여주세요.

Cho tôi xem hoá đơn chi tiết đi ạ.
[쩌 또이 쌤 호아 던 찌 띠엗 디 아]

· 계산서가 틀렸어요.

Hình như tính tiền sai rồi ạ.
[힝 니으 띵 띠엔 싸이 조이 아]

29 추가 ✚

thêm
[템]

· 왜 추가 요금이 있나요?

Tại sao có thêm tiền phụ thu ạ?
[따이 싸오 꺼 템 띠엔 푸 투 아]

· 어떤 것이 추가된 건가요?

Cái nào thêm vào ạ?
[까이 나오 템 바오 아]

· 이 추가 요금을 설명해주세요.

**Giải thích thêm tiền phụ thu này
giúp tôi đi ạ.**
[지아이 틱 템 띠엔 푸 투 나이 지웁 또이 디 아]

30 미니바

quầy bar mini
[꾸어이 바 미니]

· 미니바는 이용 안 했어요.

Tôi không dùng quầy bar mini ạ.
[또이 콤 줌 꾸어이 바 미니 아]

· 미니바에서 물만 마셨어요.

Tôi chỉ uống nước ở mini bar thôi ạ.
[또이 찌 우옹 느억 어 미니 바 토이 아]

호텔

· 미니바에서 맥주만 마셨어요. **Tôi chỉ uống bia ở mini bar thôi ạ.**
[또이 찌 우옹 비어 어 미니 바 토이 아]

· 미니바 요금이 잘못 됐어요. **Chi phí ở mini bar tính sai rồi ạ.**
[찌 피 어 미니 바 띵 싸이 조이 아]

31 요금

chi phí
[찌 피]

· 이 요금은 무엇인가요? **Chí phí này là gì ạ?**
[찌 피 나이 라 지 아]

· 요금이 더 나온 것 같아요. **Chi phí này hình như nhiều hơn thì phải ạ.**
[찌 피 나이 힝 니으 니에우 헌 티 파이 아]

· 요금 합계가 틀렸어요. **Tổng chi phí sai rồi ạ.**
[똠 찌 피 싸이 조이 아]

32 신용카드

thẻ tín dụng
[태 띤 쥼]

· 신용카드로 하실래요,
현금으로 하실래요?
Anh/Chị thanh toán bằng thẻ tín dụng hay tiền mặt ạ?
[아잉/찌 타잉 또안 방 태 띤 쥼 하이 띠엔 맏 아]

· 신용카드도 되나요? **Tôi thanh toán bằng thẻ tín dụng được không ạ?**
[또이 타잉 또안 방 태 띤 쥼 드억 콤 아]

· 신용카드가 안 긁혀요.

Thẻ tín dụng không thanh toán được ạ.
[태 띤 쭘 콤 타잉 또안 드억 아]

· 다른 신용카드는 없어요.

Tôi không có thẻ tín dụng nào khác ạ.
[또이 콤 꺼 태 띤 쭘 나오 칵 아]

· 신용카드를 한 번 더 긁어 주세요.

Xin hãy thử lại một lần nữa ạ.
[씬 하이 트 라이 몯 런 느어 아]

★ 베트남 더 알기!   ## 4. 베트남 편의점

10시만 되면 모든 곳의 문을 닫는다는 것은 옛날이야기! 베트남은 현재 가장 빠르게 성장하는 편의점 시장 중 하나입니다. 외국계 편의점뿐만 아니라 베트남 로컬 편의점까지 전국에 생겨나고 있습니다. 외국계 편의점은 우리나라와 같이 가공식품을 판매하고 있으며 편의점에서 간단하게 식사를 해결할 수 있습니다. (베트남 로컬 편의점은 24시가 아닙니다.) 베트남에 가면 볼 수 있는 주요 편의점은 캐나다의 CIRCLE K , 싱가포르의 SHOP & GO, 일본의 MINI STOP 그리고 베트남의 VIN MART입니다. 몇몇 편의점에서는 공과금 납부, 전화 심 카드, 게임 선불카드 구매가 가능하며 베트남 로컬 편의점은 일반 슈퍼마켓과 같은 서비스를 제공합니다.

위급상황

	01	고장났어요	**bị hỏng** [비 헝]
	02	다 썼어요	**hết** [헫]
	03	안 열려요	**không mở được** [콤 머 드억]
	04	갇혔어요	**bị kẹt** [비 껟]
	05	잃어버렸어요	**bị mất** [비 먿]
	06	귀중품	**đồ có giá trị** [도 꺼 지아 찌]
	07	안 나와요	**không chảy ra** [콤 짜이 자]
	08	도둑맞았어요	**bị mất trộm** [비 먿 쫌]
	09	감기	**cảm** [깜]
	10	감기약	**thuốc cảm** [투옥 깜]
	11	설사	**tiêu chảy** [띠에우 짜이]

12	변비	**táo bón** [따오 번]
13	두통약	**thuốc đau đầu** [투옥 다우 더우]
14	진단서	**giấy khám bệnh** [지어이 캄 베잉]
15	응급차	**xe cấp cứu** [쌔 껍 끄우]

호텔

빨리 찾아 말하면 OK! `T 06-04`

- 드라이기가 고장 났어요.
  Máy sấy tóc bị hỏng ạ.
  [마이 써이 떱 비 험 아]

- 전화기가 고장 났어요.
  Điện thoại bị hỏng ạ.
  [디엔 토아이 비 험 아]

- 샤워기가 고장 났어요.
  Vòi hoa sen bị hỏng ạ.
  [버이 호아 쌘 비 험 아]

- 비누를 다 썼어요.
  Phòng tôi hết xà phòng tắm rồi ạ.
  [펌 또이 헫 싸 펌 땀 조이 아]

- 샴푸를 다 썼어요.
  Phòng tôi hết dầu gội đầu rồi ạ.
  [펌 또이 헫 저우 고이 더우 조이 아]

- 문이 안 열려요.
  Cửa không mở được ạ.
  [끄어 콤 머 드억 아]

- 화장실 문이 안 열려요.
  Cửa nhà vệ sinh không mở được ạ.
  [끄어 냐 베 씽 콤 머 드억 아]

- 금고가 안 열려요.
  Két sắt không mở được ạ.
  [깯 쌑 콤 머 드억 아]

- 엘리베이터에 갇혔어요.
  Tôi bị kẹt trong thang máy ạ.
  [또이 비 껟 쩜 탕 마이 아]

- 방 키를 잃어버렸어요.
  Tôi bị mất chìa khóa phòng rồi ạ.
  [또이 비 멀 찌어 코아 펌 조이 아]

- 여권을 잃어버렸어요.
  Tôi bị mất hộ chiếu rồi ạ.
  [또이 비 멀 호 찌에우 조이 아]

- 휴대 전화를 잃어버렸어요.
  Tôi bị mất điện thoại rồi ạ.
  [또이 비 멀 디엔 토아이 조이 아]

- 귀중품을 잃어버렸어요.
  Tôi bị mất đồ có giá trị ạ.
  [또이 비 멀 도 꺼 지아 찌 아]

· 물이 안 나와요.   **Nước không chảy ra ạ.**
                         [느억 콤 짜이 자 아]

· 뜨거운 물이 안 나와요.   **Nước nóng không chảy ra ạ.**
                         [느억 넘 콤 짜이 자 아]

· 제 짐을 도둑맞았어요.   **Tôi bị mất trộm hành lý ạ.**
                         [또이 비 멋 쫌 하잉 리 아]

· 가방을 도둑맞았어요.   **Tôi bị mất trộm túi xách ạ.**
                         [또이 비 멋 쫌 뚜이 싸익 아]

· 감기에 걸렸어요.   **Tôi bị cảm rồi ạ.**
                         [또이 비 깜 조이 아]

· 감기약이 있나요?   **Có thuốc cảm không ạ?**
                         [꺼 투옥 깜 콤 아]

· 설사약이 있나요?   **Có thuốc tiêu chảy không ạ?**
                         [꺼 투옥 띠에우 짜이 콤 아]

· 변비가 심해요.   **Tôi bị táo bón nặng ạ.**
                         [또이 비 따오 번 낭 아]

· 배가 아파요.   **Tôi bị đau bụng ạ.**
                         [또이 비 다우 붐 아]

· 머리가 아파요.   **Tôi bị đau đầu ạ.**
                         [또이 비 다우 더우 아]

· 두통약이 있나요?   **Có thuốc đau đầu không ạ?**
                         [꺼 투옥 다우 더우 콤 아]

· 진단서 좀 끊어주세요.   **Cho tôi xin giấy khám bệnh ạ.**
                         [쩌 또이 씬 지어이 캄 베잉 아]

· 응급차 좀 불러주세요.   **Xin gọi giúp tôi xe cấp cứu ạ.**
                         [씬 거이 지웁 또이 쌔 껍 끄우 아]

식사 오기 전에 볼일
좀 봐야지.

왜 물이...
안 내려가지...

Bồn cầu bị tắc ạ.

변기가 막혔어요.

망설이지 말자!
Chúng ta đừng chần chừ nữa!

모닝콜 해주실 수 있나요?
Anh/Chị có thể đặt báo thức cho tôi
vào sáng mai không ạ?
[아잉/찌 꺼 테 닫 바오 특 쩌 또이 바오 쌍 마이 콤 아]

6시에 해주세요.
Xin hãy đặt báo thức cho tôi lúc 6 giờ ạ.
[씬 하이 닫 바오 특 쩌 또이 룹 싸우 지어 아]

미니바 이용을 안 했어요.
Tôi không dùng quầy bar mini ạ.
[또이 콤 줌 꾸어이 바 미니 아]

미니바 요금이 잘못됐어요.
Chi phí ở mini bar tính sai rồi ạ.
[찌 피 어 미니 바 띵 싸이 조이 아]

PART 07

식당에서

식당에서

많은 단어를 알 필요 없다
왜? 말할 게 뻔하니까!

T 07-01

01	두 명	**hai người** [하이 응으어이]
02	예약	**đặt chỗ** [닫 쪼]
03	테이블	**bàn** [반]
04	종업원	**người phục vụ** [응으어이 풉 부]
05	주문	**gọi (món)** [거이 (먼)]
06	메뉴	**thực đơn** [특 던]
07	추천	**giới thiệu** [지어이 티에우]
08	고수 (향채)	**rau mùi/rau ngò** [자우 무이/자우 응어]
09	해산물	**hải sản** [하이 싼]
10	쌀국수	**phở** [퍼]
11	반미	**bánh mì** [바잉 미]

식당

음식을 시킬 때
고수향이 싫으면 고수를
빼달라고 하세요!

빨리 찾아 읽으세요! T 07-02

01 두 명 👫

hai người
[하이 응으어이]

· 두 명이에요.
Hai người ạ.
[하이 응으어이 아]

· 혼자예요.
Một mình ạ.
[몯 밍 아]

02 예약 🐛

đặt chỗ
[닫 쪼]

· 예약했어요.
Tôi đã đặt chỗ rồi ạ.
[또이 다 닫 쪼 조이 아]

· 예약을 안 했어요.
Tôi chưa đặt chỗ ạ.
[또이 쯔어 닫 쪼 아]

· 두 명으로 예약했어요.
Tôi đã đặt chỗ cho 2 người ạ.
[또이 다 닫 쪼 쩌 하이 응으어이 아]

· 이수진으로 예약했어요.
Tôi đã đặt chỗ với tên Lee Soo Jin ạ.
[또이 다 닫 쪼 버이 뗀 이수진 아]

식당

03 테이블 🪑

bàn
[반]

· 테이블을 닦아주세요.
Làm ơn dọn bàn giúp tôi ạ.
[람 언 전 반 지웁 또이 아]

· 테이블이 조금 흔들거려요.
Bàn này hơi bị lung lay ạ.
[반 나이 허이 비 룸 라이 아]

· 테이블이 너무 좁아요.
Bàn này chật quá ạ.
[반 나이 쩔 꾸아 아]

· 다른 자리로 바꿔주세요.
Cho tôi chỗ khác nhé.
[쩌 또이 쪼 칵 냬]

· 창가 자리로 주세요.
Cho tôi chỗ cạnh cửa sổ ạ.
[쩌 또이 쪼 까잉 끄어 쏘 아]

04 종업원 👨

người phục vụ
[응으어이 푹 부]

· 여기요!
Em ơi! / Chị ơi! / Anh ơi!
[앰 어이 / 찌 어이 / 아잉 어이]

· 매니저를 불러주세요.
Xin gọi quản lý cho tôi ạ.
[씬 거이 꾸안 리 쩌 또이 아]

· 매니저랑 이야기할게요.
Tôi sẽ nói chuyện với quản lý ạ.
[또이 쌔 너이 쭈이엔 버이 꾸안 리 아]

05 주문

gọi (món)
[거이 (먼)]

· 주문할게요.
Cho tôi gọi món ạ.
[쩌 또이 거이 먼 아]

· 이거 주세요.
Cho tôi cái này ạ.
[쩌 또이 까이 나이 아]

· 주문했어요.
Tôi đã gọi món rồi ạ.
[또이 다 거이 먼 조이 아]

· 저는 주문한 지 오래됐어요.
Tôi đã gọi món lâu rồi ạ.
[또이 다 거이 먼 러우 조이 아]

· 잠시 후에 주문할게요.
Một lát nữa tôi sẽ gọi món ạ.
[몯 랃 느어 또이 쌔 거이 먼 아]

· 이것은 주문하지 않았어요.
Tôi không gọi món này ạ.
[또이 콤 거이 먼 나이 아]

06 메뉴

thực đơn
[특 던]

· 메뉴판을 주세요.
Cho tôi thực đơn ạ.
[쩌 또이 특 던 아]

· 이 가게의 특선 메뉴는
무엇인가요?
Thực đơn đặc biệt ở đây là gì ạ?
[특 던 닥 비엗 어 더이 라 지 아]

· 특선 메뉴가 있나요?
**Thực đơn ở đây có món nào
đặc biệt không ạ?**
[특 던 어 더이 꺼 먼 나오 닥 비엗 콤 아]

· 오늘의 메뉴는 무엇인가요?
Thực đơn hôm nay là gì ạ?
[특 던 홈 나이 라 지 아]

식당

07 추천 👍

giới thiệu
[지어이 티에우]

· 메뉴를 추천해 주세요.
Hãy giới thiệu món giúp tôi ạ.
[하이 지어이 티에우 먼 지웁 또이 아]

· 둘 중에 무엇을 추천하시나요?
Trong hai món ăn này, anh/chị giới thiệu món nào ạ?
[쩡 하이 먼 안 나이, 아잉/찌 지어이 티에우 먼 나오 아]

· 이것과 저것은 무엇이 다른가요?
Cái này với cái kia khác nhau chỗ nào ạ?
[까이 나이 버이 까이 끼어 칵 냐우 쪼 나오 아]

08 고수(향채)

rau mùi(북) / rau ngò(남)
[자우 무이/자우 응어]

· 고수를 넣지 마세요.
Xin đừng cho rau mùi/rau ngò nhé.
[씬 등 쩌 자우 무이/자우 응어 내]

· 저는 고수를 못 먹어요.
Tôi không ăn được rau mùi/rau ngò ạ.
[또이 콤 안 드억 자우 무이/자우 응어 아]

· 고수가 입에 맞지 않아요.
Rau mùi/rau ngò không hợp khẩu vị với tôi ạ.
[자우 무이/자우 응어 콤 헙 커우 비 버이 또이 아]

· 고수는 따로 주세요.
Rau mùi/Rau ngò bỏ riêng cho tôi nhé.
[자우 무이/자우 응어 응어 버 지엥 쩌 또이 내]

09 해산물

hải sản
[하이 싼]

· 해산물 요리로 할게요.
Tôi sẽ ăn món hải sản ạ.
[또이 쌔 안 먼 하이 싼 아]

· 해산물 알레르기가 있어요.
Tôi bị dị ứng với hải sản ạ.
[또이 비 지 응 버이 하이 싼 아]

· 어떤 해산물을 추천하시나요?
Anh/Chị giới thiệu hải sản nào ạ?
[아잉/찌 지어이 티에우 하이 싼 나오 아]

10 쌀국수

phở
[퍼]

· 닭고기 쌀국수로 주세요.
Cho tôi phở gà ạ.
[쩌 또이 퍼 가 아]

· 소고기 쌀국수로 주세요.
Cho tôi phở bò ạ.
[쩌 또이 퍼 버 아]

· 익힌 소고기 쌀국수로 주세요.
Cho tôi phở bò chín ạ.
[쩌 또이 퍼 버 찐 아]

· 덜 익힌 고기 쌀국수로 주세요.
Cho tôi phở tái ạ.
[쩌 또이 퍼 따이 아]

· 육수를 더 주세요.
Hãy cho tôi thêm nước phở ạ.
[하이 쩌 또이 템 느억 퍼 아]

· 곱빼기로 주세요.
Cho tôi gấp đôi nhé.
[쩌 또이 겁 도이 내]

식당

11 반미

bánh mì
[바잉 미]

· 고기를 많이 주세요.

Cho tôi nhiều thịt nhé.
[쩌 또이 니에우 틷 냬]

· 달걀을 추가해주세요.

Thêm trứng cho tôi ạ.
[템 쯩 쩌 또이 아]

12 젓가락

đũa
[두어]

· 젓가락을 떨어뜨렸어요.

Tôi làm rơi đũa rồi ạ.
[또이 람 저이 두어 조이 아]

· 젓가락에 뭐가 묻어 있어요.

Có cái gì đó dính vào đũa ạ.
[꺼 까이 지 더 징 바오 두어 아]

· 젓가락 한 쌍을 더 주세요.

**Anh/Chị hãy cho tôi thêm một đôi
đũa nữa ạ.**
[아잉/찌 하이 쩌 또이 템 몯 도이 두어 느어 아]

13 숟가락

muỗng/thìa
[무옹/티어]

· 숟가락을 주세요.

Cho tôi cái muỗng/thìa ạ.
[쩌 또이 까이 무옹/티어 아]

· 숟가락을 떨어뜨렸어요.

Tôi làm rơi muỗng/thìa rồi ạ.
[또이 람 저이 무옹/티어 조이 아]

· 숟가락에 뭐가 묻어 있어요.   **Có cái gì đó dính vào muỗng/thìa ạ.**
[꺼 까이 지 더 징 바오 무옹/티어 아]

· 숟가락을 하나 더 주세요.   **Cho tôi thêm một cái muỗng/thìa ạ.**
[쩌 또이 템 몯 까이 무옹/티어 아]

14 음료 🥤

đồ uống
[도 우옹]

· 음료는 어떤 것이 있나요?   **Có đồ uống gì ạ?**
[꺼 도 우옹 지 아]

· 생수 한 병을 주세요.   **Cho tôi một chai nước suối ạ.**
[쩌 또이 몯 짜이 느억 쑤오이 아]

· 탄산수 주세요.   **Cho tôi đồ uống có ga ạ.**
[쩌 또이 도 우옹 꺼 가 아]

· 오렌지 주스 주세요.   **Cho tôi nước cam ạ.**
[쩌 또이 느억 깜 아]

· 맥주 한 병 주세요.   **Cho tôi một chai bia ạ.**
[쩌 또이 몯 짜이 비어 아]

· 아이스티 (한 잔) 주세요.   **Cho tôi một cốc trà đá ạ.**
[쩌 또이 몯 꼽 짜 다 아]

· 버블 밀크티가 있나요?   **Có trà sữa trân châu không ạ?**
[꺼 짜 쓰어 쩐 쩌우 콤 아]

· 커피 주세요.   **Cho tôi cà phê ạ.**
[쩌 또이 까 페 아]

· 커피가 리필 되나요?   **Thêm cà phê được không ạ?**
[템 까 페 드억 콤 아]

식당

15 잔

cốc
[꼽]

· 큰 잔에 주세요.

Cho tôi cốc lớn ạ.
[쩌 또이 꼽 런 아]

· 작은 잔에 주세요.

Cho tôi cốc nhỏ ạ.
[쩌 또이 꼽 녀 아]

· 테이크아웃 잔에 주세요.

Cho tôi cốc mang về ạ.
[쩌 또이 꼽 망 베 아]

16 콜라

cô ca
[꼬 까]

· 콜라 주세요.

Cho tôi cô ca ạ.
[쩌 또이 꼬 까 아]

· 차가운 콜라로 주세요.

Cho tôi cô ca ướp lạnh ạ.
[쩌 또이 꼬 까 으업 라잉 아]

17 우유

sữa
[쓰어]

· 우유를 많이 넣어주세요.

Bỏ sữa nhiều vào cho tôi nhé.
[버 쓰어 니에우 바오 쩌 또이 내]

· 우유는 어떤 거로 드릴까요?

Chị dùng sữa nào ạ?
[찌 줌 쓰어 나오 아]

· 저지방 우유로 주세요.

Cho tôi sữa ít béo nhé.
[쩌 또이 쓰어 읻 배오 내]

· 연유를 넣어주세요.

Bỏ sữa đặc vào cho tôi nhé.
[버 쓰어 닥 바오 쩌 또이 내]

· 요거트 주세요.　　　**Cho tôi sữa chua ạ.**
　　　　　　　　　　　[쩌 또이 스어 쭈어 아]

18 얼음

đá
[다]

· 얼음을 많이 주세요.　　**Cho tôi nhiều đá ạ.**
　　　　　　　　　　　[쩌 또이 니에우 다 아]

· 얼음을 조금만 주세요.　**Cho tôi một chút đá thôi ạ.**
　　　　　　　　　　　[쩌 또이 몯 쭏 다 토이 아]

· 얼음이 너무 많아요.　　**Đá nhiều quá ạ.**
　　　　　　　　　　　[다 니에우 꾸아 아]

· 얼음을 빼고 주세요.　　**Không cho đá nhé.**
　　　　　　　　　　　[콤 쩌 다 냬]

19 빨대

ống hút
[옴 훝]

· 빨대는 어디에 있나요?　**Ống hút ở đâu ạ?**
　　　　　　　　　　　[옴 훝 어 더우 아]

· 빨대를 안 주셨어요.　　**Anh/Chị chưa đưa ống hút cho tôi ạ.**
　　　　　　　　　　　[아잉/찌 쯔어 드어 옴 훝 쩌 또이 아]

· 빨대가 없어요.　　　　**Không có ống hút ạ.**
　　　　　　　　　　　[콤 꺼 옴 훝 아]

· 빨대를 한 개만 더 주세요.　**Cho tôi thêm một cái ống hút ạ.**
　　　　　　　　　　　[쩌 또이 템 몯 까이 옴 훝 아]

· 빨대도 넣어 주셨나요?　**Anh/Chị đã bỏ ống hút vào cho tôi
rồi chứ ạ?**
　　　　　　　　　　　[아잉/찌 다 버 옴 훝 바오 쩌 또이 조이 쯔 아]

식당

20 냅킨 🗞 giấy ăn
[지어이 안]

· 냅킨은 어디에 있나요? **Giấy ăn ở đâu ạ?**
[지어이 안 어 더우 아]

· 냅킨을 주세요. **Cho tôi xin giấy ăn ạ.**
[쩌 또이 씬 지어이 안 아]

· 냅킨을 더 주세요. **Cho tôi thêm giấy ăn ạ.**
[쩌 또이 템 지어이 안 아]

· 냅킨이 없어요. **Không có giấy ăn ạ.**
[콤 꺼 지어이 안 아]

· 냅킨을 많이 주세요. **Cho tôi xin nhiều giấy ăn ạ.**
[쩌 또이 씬 니에우 지어이 안 아]

· 물티슈가 있나요? **Có khăn ướt không ạ?**
[꺼 칸 으얻 콤 아]

· 물티슈를 주세요. **Cho tôi xin khăn ướt ạ.**
[쩌 또이 씬 칸 으얻 아]

21 후식 🥤 món tráng miệng
[먼 짱 미엥]

· 후식 주세요. **Cho tôi món tráng miệng ạ.**
[쩌 또이 먼 짱 미엥 아]

· 후식은 뭐가 있나요? **Món tráng miệng có gì ạ?**
[먼 짱 미엥 꺼 지 아]

· 케이크가 있나요? **Có bánh kem không ạ?**
[꺼 바잉 깸 콤 아]

22 여기에서 먹을 거예요

Tôi sẽ ăn ở đây.
[또이 쌔 안 어 더이]

· 드시고 가세요, 가져가세요?

Anh/Chị dùng ở đây hay mang về ạ?
[아잉/찌 줌 어 더이 하이 망 베 아]

· 여기에서 먹을 거예요.

Tôi sẽ ăn ở đây ạ.
[또 쌔 안 어 더이 아]

23 포장

gói lại
[거이 라이]

· 드시고 가세요, 포장이에요?

Anh/Chị dùng ở đây hay gói lại ạ?
[아잉/찌 줌 어 더이 하이 거이 라이 아]

· 포장이에요.

Gói lại ạ.
[거이 라이 아]

· 이 음식 포장되나요?

Món này có thể gói lại được không ạ?
[먼 나이 꺼 테 거이 라이 드억 콤 아]

· 남은 것은 포장해주세요.

Anh/Chị hãy gói phần thừa này giúp tôi ạ.
[아잉/찌 하이 거이 펀 트어 나이 지웁 또이 아]

· 포장비가 따로 있나요?

Có tính phí gói lại không ạ?
[꺼 띵 피 거이 라이 콤 아]

식당

24 계산서

hoá đơn
[호아 던]

- 계산할게요.
  Tôi sẽ thanh toán ạ.
  [또이 쌔 타잉 또안 아]

- 계산서 주세요.
  Cho tôi hoá đơn ạ.
  [쩌 또이 호아 던 아]

- 계산서가 잘 못 됐어요.
  Hoá đơn bị sai rồi ạ.
  [호아 던 비 싸이 조이 아]

- 이 메뉴는 안 시켰어요.
  Tôi không gọi món này ạ.
  [또이 콤 꺼이 먼 나이 아]

- 세금이 포함된 가격인가요?
  Giá này đã bao gồm tiền thuế chưa ạ?
  [지아 나이 다 바오 곰 띠엔 투에 쯔어 아]

25 신용카드 🖃

thẻ tín dụng
[태 띤 줌]

- 신용카드로 계산할게요.
  Tôi sẽ thanh toán bằng thẻ tín dụng ạ.
  [또이 쌔 타잉 또안 방 태 띤 줌 아]

- 할인되는 신용카드가 있나요?
  Loại thẻ tín dụng nào được giảm giá ạ?
  [로아이 태 띤 줌 나오 드억 지암 지아 아]

26 배달

giao hàng
[지아오 항]

· 여기는 ○○호텔인데요,
  배달되나요?

**Anh/Chị có giao hàng đến
khách sạn ○○ không ạ?**
[아잉/찌 꺼 지아오 항 덴 카익 싼 ○○ 콤 아]

· 배달하면 얼마나 걸리나요?

Giao hàng thì mất bao lâu ạ?
[지아오 항 티 멀 바오 러우 아]

· 배달비가 있나요?

Có tính phí giao hàng không ạ?
[꺼 띵 피 지아오 항 콤 아]

★ 베트남 더 알기! **5. 쌀국수 메뉴판**

베트남에서 쌀국수를 먹으러 가면 우리가 생각했던 것
보다 메뉴판이 복잡합니다. 로컬 식당에는 메뉴판에
영어, 한국어가 적혀있지 않아 당황할 때가 있습니다.
베트남에는 같은 소고기 쌀국수라고 해도 고기의 부위,
고기 익힘 정도에 따라 메뉴가 다르게 나누어지며 그릇
의 크기에 따라서 가격이 나누어져 있습니다.

· phở (쌀국수) bò (소) + 고기 익힘 정도
· phở bò tái = phở bò tái chín 설익은 소고기 쌀국수
· phở gầu bò 양지 소고기 쌀국수
· phở nạm bò 소고기 옆구리 쌀국수
· bát nhỏ , tô nhỏ 작은 그릇

· phở bò chín 익힌 소고기 쌀국수
· phở gân bò 소고기 힘줄 쌀국수
· bát lớn , tô lớn 큰 그릇

위급상황

필요한 단어! T 07-03

01	너무 짜요	**mặn quá** [만 꾸아]
02	너무 뜨거워요	**nóng quá** [넘 꾸아]
03	너무 차가워요	**lạnh quá** [라잉 꾸아]
04	데워주세요	**hâm nóng** [험 넘]
05	너무 싱거워요	**nhạt quá** [냗 꾸아]
06	아주 매워요	**cay quá** [까이 꾸아]
07	안 시켰어요	**không gọi** [콤 거이]
08	맛이 이상해요	**vị lạ** [비 라]
09	안 나왔어요	**chưa có** [쯔어 꺼]
10	바꿔주세요	**đổi cho tôi** [도이 쩌 또이]

194 **기내** 50p　　**공항** 68p　　**거리** 90p　　**택시&기차** 106p　　**렌트&투어** 130p

빨리 찾아 말하면 OK! `T 07-04`

· 음식이 너무 짜요.
Món này mặn quá ạ.
[먼 나이 만 꾸아 아]

· 이것은 너무 뜨거워요.
Món này nóng quá ạ.
[먼 나이 넘 꾸아 아]

· 이것은 너무 차가워요.
Món này lạnh quá ạ.
[먼 나이 라잉 꾸아 아]

· 데워주세요.
Hâm nóng lại giúp tôi ạ.
[험 넘 라이 지웁 또이 아]

· 이것은 너무 싱거워요.
Món này nhạt quá ạ.
[먼 나이 냩 꾸아 아]

· 소금을 조금만 주세요.
Cho tôi muối ạ.
[쩌 또이 무오이 아]

· 음식이 너무 매워요.
Món này cay quá ạ.
[먼 나이 까이 꾸아 아]

· 이 메뉴는 안 시켰어요.
Tôi không gọi món này ạ.
[또이 콤 거이 먼 나이 아]

· 이것은 맛이 이상해요.
Món này có vị lạ ạ.
[먼 나이 꺼 비 라 아]

· 음식이 상한 것 같아요.
Món này hình như bị thiu rồi ạ.
[먼 나이 힝 니으 비 티우 조이 아]

· 음식이 안 나왔어요.
Chưa có món ăn ạ.
[쯔어 꺼 먼 안 아]

· 음료가 안 나왔어요.
Chưa có đồ uống ạ.
[쯔어 꺼 도 우옹 아]

· 메뉴를 바꿔주세요.
Cho tôi đổi thực đơn ạ.
[쩌 또이 도이 특 던 아]

식당

망설이지 말자!
Chúng ta đừng chần chừ nữa!

메뉴판을 보여 주세요.
Cho tôi xem thực đơn ạ.
[쩌 또이 쌤 특 던 아]

한국어 메뉴판이 있나요?
Ở đây có thực đơn bằng tiếng Hàn không ạ?
[어 더이 꺼 특 던 방 띠엥 한 콤 아]

사진이 있는 메뉴판이 있나요?
Ở đây có thực đơn kèm theo hình không ạ?
[어 더이 꺼 특 던 깸 태오 힝 콤 아]

재떨이를 주세요.
Cho tôi cái gạt tàn ạ.
[쩌 또이 까이 갇 딴 아]

식당

PART 08
관광할 때

관광할 때

많은 단어를 알 필요 없다
왜? 말할 게 뻔하니까!

T 08-01

01	출발	xuất phát [쑤얻 팓]
02	도착	đến [덴]
03	일정	lịch trình [릭 찡]
04	입구	lối vào [로이 바오]
05	출구	lối ra [로이 자]
06	추천	giới thiệu [지어이 티에우]
07	관광명소	danh lam thắng cảnh [자잉 람 탕 까잉]
08	매표소	phòng bán vé [펌 반 배]
09	관광 안내소	phòng hướng dẫn du lịch [펌 흐엉 전 주 릭]
10	입장권	vé vào cửa [배 바오 끄어]
11	할인	giảm giá [지암 지아]
12	개장시간	thời gian mở cửa [터이 지안 머 끄어]

13	금지	**cấm** [껌]
14	지도	**bản đồ** [반 도]
15	사진 찍다	**chụp ảnh** [쭙 아잉]
16	설명	**giải thích** [지아이 틱]
17	관광 가이드	**hướng dẫn viên du lịch** [흐엉 전 비엔 주 릭]
18	체험하다	**trải nghiệm** [짜이 응이엠]
19	기념품 가게	**cửa hàng bán đồ lưu niệm** [끄어 항 반 도 르우 니엠]
20	화장실	**nhà vệ sinh** [냐 베 씽]
21	팸플릿	**tờ rơi** [떠 저이]
22	예매	**đặt vé (trước)** [닫 배 (쯔억)]
23	매진	**hết vé** [헫 배]
24	좌석	**chỗ ngồi** [쪼 응오이]

관광

베트남에는 유명한 명소가
많으니 미리 알고 가세요!

빨리 찾아 읽으세요! T 08-02

01 출발

xuất phát
[쑤얼 팥]

· 출발이 언제인가요?

Khi nào xuất phát ạ?
[키 나오 쑤얼 팥 아]

· 출발을 조금만 늦게 하면 안 되나요?

Xuất phát muộn một chút không được ạ?
[쑤얼 팥 무온 몯 쭏 콤 드억 아]

· 출발 시간이 너무 빨라요.

Thời gian xuất phát sớm quá ạ.
[터이 지안 쑤얼 팥 썸 꾸아 아]

· 버스에 몇 시까지 돌아오면 되나요?

Tôi cần quay lại xe buýt lúc mấy giờ ạ?
[또이 껀 꾸아이 라이 쌔 부읻 룹 머이 지어 아]

02 도착

đến
[덴]

· 언제 도착하나요?

Khi nào thì đến nơi ạ?
[키 나오 티 덴 너이 아]

· 도착 시간이 늦네요.

Thời gian đến muộn quá ạ.
[터이 지안 덴 무온 꾸아 아]

· 더 일찍 도착할 수 없나요?

Không thể đến nơi sớm hơn được sao ạ?
[콤 테 덴 너이 썸 헌 드억 싸오 아]

관광

03 일정 🗓️

lịch trình
[릭 찡]

· 이 공연 일정을 좀 보여주세요.
Cho tôi xem lịch trình của buổi biểu diễn này ạ.
[쩌 또이 쌤 릭 찡 꾸어 부오이 비에우 지엔 나이 아]

· 자세한 일정은 어떻게 되나요?
Lịch trình cụ thể thế nào ạ?
[릭 찡 꾸 테 테 나오 아]

· 이 스케줄이 맞나요?
Lịch trình này phải không ạ?
[릭 찡 나이 파이 콤 아]

04 입구 🎰

lối vào
[로이 바오]

· 입구가 어디인가요?
Lối vào ở đâu ạ?
[로이 바오 어 더우 아]

· 입구를 못 찾겠어요.
Tôi không thể tìm thấy lối vào ạ.
[또이 콤 테 띰 터이 로이 바오 아]

· 입구가 이 방향인가요?
Lối vào hướng này phải không ạ?
[로이 바오 흐엉 나이 파이 콤 아]

05 출구 🏃

lối ra
[로이 자]

· 출구가 어디인가요?
Lối ra ở đâu ạ?
[로이 자 어 더우 아]

· 출구를 못 찾겠어요.
Tôi không thể tìm thấy lối ra ạ.
[또이 콤 테 띰 터이 로이 자 아]

· 출구가 이 방향인가요?　　**Lối ra hướng này phải không ạ?**
[로이 자 흐엉 나이 파이 콤 아]

· 출구가 너무 멀어요.　　**Lối ra xa quá ạ**
[로이 자 싸 꾸아 아]

06 추천 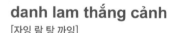　　giới thiệu
[지어이 티에우]

· 추천할만한 볼거리가 있나요?　　**Có gì hay để giới thiệu không ạ?**
[꺼 지 하이 데 지어이 티에우 콤 아]

· 가장 추천하는 것은
무엇인가요?　　**Cái gì được giới thiệu nhiều nhất ạ?**
[까이 지 드억 지어이 티에우 니에우 녇 아]

· 추천하지 않는 것은
무엇인가요?　　**Cái chưa được giới thiệu là
cái nào ạ?**
[까이 쯔어 드억 지어이 티에우 라 까이 나오 아]

· 추천하는 코스가 있나요?　　**Anh/Chị có chương trình nào để
giới thiệu không ạ?**
[아잉/찌 꺼 쯔엉 찡 나오 데 지어이 티에우 콤 아]

07 관광명소　　danh lam thắng cảnh
[자잉 람 탕 까잉]

· 제일 유명한 관광명소는
어디인가요?　　**Danh lam thắng cảnh nổi tiếng
nhất ở đâu ạ?**
[자잉 람 탕 까잉 노이 띠엥 녇 어 더우 아]

· 관광명소를 추천해주세요.　　**Anh/Chị hãy giới thiệu cho tôi
một số danh lam thắng cảnh ạ.**
[아잉/찌 하이 지어이 티에우 쩌 또이 몯 쏘
자잉 람 탕 까잉 아]

· 이곳이 관광명소인가요?　　**Nơi này là danh lam thắng cảnh
phải không ạ?**
[너이 나오 라 자잉 람 탕 까잉 파이 콤 아]

관광

08 매표소

phòng bán vé
[펌 반 배]

· 매표소가 가까운가요?

Phòng bán vé có gần đây không ạ?
[펌 반 배 꺼 건 더이 콤 아]

· 매표소에 데려다주세요.

Xin dẫn tôi đến phòng bán vé ạ.
[씬 전 또이 덴 펌 반 배 아]

09 관광 안내소

phòng hướng dẫn du lịch
[펌 흐엉 전 주 릭]

· 안내소는 어디인가요?

Phòng hướng dẫn du lịch ở đâu ạ?
[펌 흐엉 전 주 릭 어 더우 아]

· 안내소에 데려다주세요.

**Xin dẫn tôi đến phòng hướng dẫn
du lịch ạ.**
[씬 전 또이 덴 펌 흐엉 전 주 릭 아]

· 안내소는 여기에서 먼가요?

**Phòng hướng dẫn du lịch có xa
đây không ạ?**
[펌 흐엉 전 주 릭 꺼 싸 더이 콤 아]

· 가까운 안내소는 어디인가요?

**Phòng hướng dẫn du lịch gần đây
nhất ở đâu ạ?**
[펌 흐엉 전 주 릭 건 더이 녇 어 더우 아]

10 입장권

vé vào cửa
[배 바오 끄어]

· 입장료는 얼마인가요?

Vé vào cửa bao nhiêu tiền ạ?
[배 바오 끄어 바오 니에우 띠엔 아]

· 어린이 입장료는 얼마인가요?

Vé vào cửa cho trẻ em bao nhiêu tiền ạ?
[배 바오 끄어 쩌 째 앰 바오 니에우 띠엔 아]

· 입장권만 사면 다 볼 수 있나요?

Tôi có thể tham quan tất cả bằng vé vào cửa này phải không ạ?
[또이 꺼 테 탐 꾸안 떧 까 방 배 바오 끄어 나이 파이 콤 아]

· 입장권을 사야 들어갈 수 있나요?

Nếu muốn vào đây thì tôi phải mua vé vào cửa ạ?
[네우 무온 바오 더이 티 또이 파이 무어 배 바오 끄어 아]

· 어른 두 장과 어린이 한 장 주세요.

Làm ơn cho hai vé người lớn và một vé trẻ em ạ.
[람 언 쩌 하이 배 응으어이 런 바 몯 배 째 앰 아]

11 할인

giảm giá
[지암 지아]

· 할인되나요?

Có được giảm giá không ạ?
[꺼 드억 지암 지아 콤 아]

· 학생은 할인되나요?

Học sinh có được giảm giá không ạ?
[헙 씽 꺼 드억 지암 지아 콤 아]

· 노인(경로우대)은 할인되나요?

Người lớn tuổi có được giảm giá không ạ?
[응으어이 런 뚜오이 꺼 드억 지암 자 콤 아]

· 할인된 가격인가요?

Giá này là giá đã được giảm rồi phải không ạ?
[지아 나이 라 지아 다 드억 지암 조이 파이 콤 아]

· 단체는 할인되나요?

Vé tập thể có được giảm giá không ạ?
[배 떱 테 꺼 드억 지암 지아 콤 아]

관광

12 개장시간

thời gian mở cửa
[터이 지안 머 끄어]

· 개장시간은 어떻게 되나요?　**Thời gian mở cửa thế nào ạ?**
[터이 지안 머 끄어 테 나오 아]

· 언제 여나요?　**Khi nào mở cửa ạ?**
[키 나오 머 끄어 아]

· 언제 닫나요?　**Khi nào đóng cửa ạ?**
[키 나오 덤 끄어 아]

· 몇 시까지 관광할 수 있나요?　**Tôi có thể tham quan đến mấy giờ ạ?**
[또이 꺼 테 탐 꾸안 덴 머이 지어 아]

· 오늘 호찌민 박물관은
　여나요?　**Hôm nay bảo tàng Hồ Chí Minh
có mở cửa không ạ?**
[홈 나이 바오 땅 호 찌 밍 꺼 머 끄어 콤 아]

13 금지

cấm
[껌]

· 진입 금지　**Cấm vào.**
[껌 바오]

· 사진 촬영 금지　**Cấm chụp ảnh.**
[껌 쭙 아잉]

· 비디오 촬영 금지　**Cấm quay phim.**
[껌 꾸아이 핌]

· 반려동물 출입 금지　**Cấm thú nuôi.**
[껌 투 누오이]

· 만지지 마세요.　**Đừng chạm vào.**
[등 짬 바오]

14 지도

bản đồ
[반 도]

· 지도 있나요?
Có bản đồ không ạ?
[꺼 반 도 콤 아]

· 호찌민 시내 지도가 있나요?
Có bản đồ trung tâm thành phố Hồ Chí Minh không ạ?
[꺼 반 도 쭘 떰 타잉 포 호 찌 밍 콤 아]

· 유명 관광지 지도가 있나요?
Có bản đồ điểm du lịch nổi tiếng không ạ?
[꺼 반 도 디엠 주 릭 노이 띠엥 콤 아]

15 사진 찍다

chụp ảnh
[쭙 아잉]

· 여기에서 사진 찍어도 되나요?
Tôi có thể chụp ảnh ở đây được không ạ?
[또이 꺼 테 쭙 아잉 어 더이 드억 콤 아]

· 여기에서 사진 찍으면 안 돼요.
Không được chụp ảnh ở đây ạ.
[콤 드억 쭙 아잉 어 더이 아]

· 사진 한 장만 찍어 주실래요?
Anh/Chị chụp giúp tôi một tấm ảnh được không ạ?
[아잉/찌 쭙 지웁 또이 몯 떰 아잉 드억 콤 아]

· 한 장만 더 찍어주세요.
Chụp thêm một tấm nữa ạ.
[쭙 템 몯 떰 느어 아]

· 제가 사진 찍어 드릴게요.
Để tôi chụp ảnh cho ạ.
[데 또이 쭙 아잉 쩌 아]

관광

16 설명

giải thích
[지아이 틱]

· 이것을 설명해주세요.

Anh/Chị hãy giải thích cái này cho tôi nhé.
[아잉/찌 하이 지아이 틱 까이 나이 쩌 또이 냬]

· 설명해주실 분이 있나요?

Có người giải thích không ạ?
[꺼 응으어이 지아이 틱 콤 아]

· 한국어로 된 설명서가 있나요?

Có bản giải thích bằng tiếng Hàn không ạ?
[꺼 반 지아이 틱 방 띠엥 한 콤 아]

· 한 번 더 설명해 주실 수 있나요?

Anh/Chị có thể giải thích thêm một lần nữa không ạ?
[아잉/찌 꺼 테 지아이 틱 템 몯 런 느어 콤 아]

17 관광 가이드

hướng dẫn viên du lịch
[흐엉 전 비엔 주 릭]

· 관광 가이드가 누구신가요?

Ai là hướng dẫn viên ạ?
[아이 라 흐엉 전 비엔 아]

· 가이드가 필요해요.

Tôi cần hướng dẫn viên du lịch ạ.
[또이 껀 흐엉 전 비엔 주 릭 아]

· 여기에 한국인 가이드가 있나요?

Ở đây có hướng dẫn viên người Hàn không ạ?
[어 더이 꺼 흐엉 전 비엔 응으어이 한 콤 아]

· 한국인 통역사가 있나요?

Có thông dịch viên người Hàn không ạ?
[꺼 톰 직 비엔 응으어이 한 콤 아]

18 체험하다 trải nghiệm
[짜이 응이엠]

· 이것을 체험해볼 수 있나요?

Tôi có thể trải nghiệm cái này được không ạ?
[또이 꺼 테 짜이 응이엠 까이 나이 드억 콤 아]

· 도자기 만들기 체험을 해볼 수 있나요?

Tôi có thể trải nghiệm công việc làm đồ gốm không ạ?
[또이 꺼 테 짜이 응이엠 꼼 비엑 람 도 곰 콤 아]

· 머드 체험을 해보고 싶어요.

Tôi muốn trải nghiệm tắm bùn khoang ạ.
[또이 무온 짜이 응이엠 땀 분 코앙 아]

· 소수 민족 체험을 해보고 싶어요.

Tôi muốn trải nghiệm văn hóa của dân tộc thiểu số ạ.
[또이 무온 짜이 응이엠 반 호아 꾸어 전 똡 티에우 쏘 아]

· 이 지역 특산물을 먹어보고 싶어요.

Tôi muốn ăn đặc sản của vùng này ạ.
[또이 무온 안 닥 싼 꾸어 붐 나이 아]

19 기념품 가게 🎁 cửa hàng bán đồ lưu niệm
[끄어 항 반 도 르우 니엠]

· 기념품 가게는 어디에 있나요?

Cửa hàng bán đồ lưu niệm ở đâu ạ?
[끄어 항 반 도 르우 니엠 어 더우 아]

· 기념품 가게는 먼가요?

Cửa hàng bán đồ lưu niệm có xa đây không ạ?
[끄어 항 반 도 르우 니엠 꺼 싸 더이 콤 아]

· 기념품을 사려고 해요.

Tôi định mua đồ lưu niệm ạ.
[또이 딩 무어 도 르우 니엠 아]

관광

20 화장실

nhà vệ sinh
[냐 베 씽]

· 화장실은 어디 있나요?

Nhà vệ sinh ở đâu ạ?
[냐 베 씽 어 더우 아]

· 화장실은 밖에 있나요?

Nhà vệ sinh ở bên ngoài ạ?
[냐 베 씽 어 벤 응오아이 아]

· 화장실은 공연장 안에는 없나요?

Nơi biểu diễn không có nhà vệ sinh ạ?
[너이 비에우 지엔 콤 꺼 냐 베 씽 아]

21 팸플릿

tờ rơi
[떠 저이]

· 팸플릿은 어디에 있나요?

Tôi có thể lấy tờ rơi ở đâu ạ?
[또이 꺼 테 러이 떠 저이 어 더우 아]

· 팸플릿을 하나 주세요.

Làm ơn cho tôi một tờ rơi ạ.
[람 언 쩌 또이 몯 떠 저이 아]

· 한국어 팸플릿이 있나요?

Có tờ rơi bằng tiếng Hàn không ạ?
[꺼 떠 저이 방 띠엥 한 콤 아]

22 예매

đặt vé (trước)
[닫 배 (쯔억)]

· 공연 티켓을 예매하려고 해요.

Tôi muốn đặt vé cho buổi biểu diễn ạ.
[또이 무온 닫 배 쩌 부오이 비에우 지엔 아]

· 예매하면 할인되나요?

Nếu đặt vé trước thì có giảm giá không ạ?
[네우 닫 배 쯔억 티 꺼 지암 지아 콤 아]

· 예매했어요.

Tôi đã đặt vé trước rồi ạ.
[또이 다 닫 배 쯔억 조이 아]

· 예매를 안 했어요.

Tôi chưa đặt vé trước ạ.
[또이 쯔어 닫 배 쯔억 아]

· (오늘) 표가 남아 있나요?

Hôm nay còn vé phải không ạ?
[홈 나이 껀 배 파이 콤 아]

23 매진

hết vé
[헫 배]

· 매진이 되었나요?

Vé được bán hết rồi ạ?
[베 드억 반 헫 조이 아]

· 표가 아예 없나요?

Hết sạch vé rồi ạ?
[헫 싸익 배 조이 아]

24 좌석

chỗ ngồi
[쪼 응오이]

· 앞 좌석으로 주세요.

Cho tôi chỗ ngồi phía trước ạ.
[쩌 또이 쪼 응오이 피어 쯔억 아]

· 뒷좌석으로 주세요.

Cho tôi chỗ ngồi phía sau ạ.
[쩌 또이 쪼 응오이 피어 싸우 아]

· 중간 좌석으로 주세요.

Cho tôi chỗ ngồi ở giữa ạ.
[쩌 또이 쪼 응오이 어 지으어 아]

· 좋은 자리로 주세요.

Cho tôi chỗ ngồi đẹp ạ.
[쩌 또이 쪼 응오이 댑 아]

관광

25 공연

(buổi) biểu diễn
[(부오이) 비에우 지엔]

· 공연을 볼 거예요.
Tôi sẽ xem biểu diễn ạ.
[또이 쌔 쌤 비에우 지엔 아]

· 공연은 언제 시작하나요?
Khi nào bắt đầu buổi biểu diễn ạ?
[키 나오 밭 더우 부오이 비에우 지엔 아]

· 공연은 얼마 동안 하나요?
Buổi biểu diễn kéo dài trong bao lâu ạ?
[부오이 비에우 지엔 깨오 자이 쪔 바오 러우 아]

· 공연이 취소되었어요.
Buổi biểu diễn đã bị hủy ạ.
[부오이 비에우 지엔 다 비 후이 아]

· 공연이 기대돼요.
Tôi mong chờ vào buổi biểu diễn quá.
[또이 멈 쩌 바오 부오이 비에우 지엔 꾸아]

26 공연 시간

thời gian biểu diễn
[터이 지안 비에우 지엔]

· 공연 시간이 얼마인가요?
Thời gian biểu diễn kéo dài bao lâu ạ?
[터이 지안 비에우 지엔 깨오 자이 바오 러우 아]

· 공연 보면서 뭐 먹어도 되나요?
Tôi có thể vừa xem biểu diễn vừa ăn không ạ?
[또이 꺼 테 브어 쌤 비에우 지엔 브어 안 콤 아]

· 공연 보면서 사진 찍어도 되나요?
Tôi có thể vừa xem biểu diễn vừa chụp ảnh không ạ?
[또이 꺼 테 브어 쌤 비에우 지엔 브어 쭙 아잉 콤 아]

· 공연 시간이 짧아요.
Thời gian biểu diễn ngắn quá ạ.
[터이 지안 비에우 지엔 응안 꾸아 아]

· 공연 시간이 길어요.
Thời gian biểu diễn dài quá ạ.
[터이 지안 비에우 지엔 자이 꾸아 아]

27 케이블카

cáp treo
[깝 째오]

· 케이블카는 어디에서 타나요?
Đi cáp treo ở đâu vậy ạ?
[디 깝 째오 어 더우 버이 아]

· 케이블카에 최대 몇 명이
탈 수 있나요?
Cáp treo tối đa đi mấy người ạ?
[깝 째오 또이 다 디 머이 응으어이 아]

· 케이블카 티켓은 어디에서
구매하나요?
Mua vé cáp treo ở đâu ạ?
[무어 배 깝 째오 어 더우 아]

· 케이블카 운행 시간은 어떻게
되나요?
**Thời gian hoạt động của cáp treo
như thế nào ạ?**
[터이 지안 호앋 돔 꾸어 깝 째오 니으 테 나오 아]

· 여기에서부터 저기까지는
얼마나 걸리나요?
Từ đây đến đó mất bao lâu ạ?
[뜨 더이 덴 더 멀 바오 러우 아]

28 마사지

mát xa
[맏 싸]

· 마사지를 받고 싶어요.
Tôi muốn được mát xa ạ.
[또이 무온 드억 맏 싸 아]

· 근처에 마사지숍이 있나요?
Gần đây có tiệm mát xa nào không ạ?
[건 더이 꺼 띠엠 맏 싸 나오 콤 아]

· 발 마사지를 받고 싶어요.
Tôi muốn mát xa chân ạ.
[또이 무온 맏 싸 쩐 아]

· 더 세게 해주실 수 있나요?
Mạnh hơn được không ạ?
[마잉 헌 드억 콤 아]

· 너무 아파요.
Đau quá ạ.
[다우 꾸아 아]

· 너무 시원해요.
Thoải mái quá ạ
[토아이 마이 꾸아 아]

관광

위급상황

필요한 단어! `T 08-03`

01 잃어버리다
bị mất
[비 멀]

02 찾아야 해요
phải tìm
[파이 띰]

03 ~해주세요
làm ơn
[람 언]

04 소통
giao tiếp
[지아오 띠엡]

빨리 찾아 말하면 OK! T 08-04

· 티켓을 잃어버렸어요.
Tôi bị mất vé rồi ạ.
[또이 비 멀 배 조이 아]

· 가방을 잃어버렸어요.
Tôi bị mất túi xách rồi ạ.
[또이 비 멀 뚜이 싸익 조이 아]

· 휴대 전화를 잃어버렸어요.
Tôi bị mất điện thoại rồi ạ.
[또이 비 멀 디엔 토아이 조이 아]

· 분실물 센터가 어디인가요?
Trung tâm bảo quản đồ thất lạc ở đâu ạ?
[쭘 떰 바오 꾸안 도 털 락 어 더우 아]

· 제 가이드를 찾아야 해요.
Tôi phải tìm hướng dẫn viên của tôi ạ.
[또이 파이 띰 흐엉 전 비엔 꾸어 또이 아]

· 제 버스를 찾아야 해요.
Tôi phải tìm xe buýt của tôi ạ.
[또이 파이 띰 쌔 부읻 꾸어 또이 아]

· 제 가이드를 불러주세요.
Làm ơn gọi hướng dẫn viên của tôi ạ.
[람 언 거이 흐엉 전 비엔 꾸어 또이 아]

· 가방을 찾아주세요.
Làm ơn tìm túi xách giúp tôi ạ.
[람 언 띰 뚜이 싸익 지웁 또이 아]

· 누가 영어를 할 줄 아시나요?
Anh/Chị biết ai nói được tiếng Anh không ạ?
[아잉/찌 비엔 아이 너이 드억 띠엥 아잉 콤 아]

· 제가 그려서 보여드릴게요.
Tôi sẽ vẽ ra rồi cho anh/chị xem ạ.
[또이 쌔 배 자 조이 쩌 아잉/찌 쌤 아]

관광

Đến lượt của tôi, anh hãy xếp hàng đi ạ.

제 차례예요, 줄 서세요.

Xin lỗi.

죄송합니다.

Cho tôi một vé ạ.

티켓 한 장 주세요.

망설이지 말자!
Chúng ta đừng chần chừ nữa!

티켓을 두 장 주세요.
Cho tôi hai vé ạ.
[쩌 또이 하이 배 아]

얼마예요?
Bao nhiêu tiền ạ?
[바오 니에우 띠엔 아]

팸플릿이 있나요?
Có tờ rơi không ạ?
[꺼 떠 저이 콤 아]

관광

PART 09

쇼핑할 때

쇼핑할 때

많은 단어를 알 필요 없다
왜? 말할 게 뻔하니까!

T 09-01

01	둘러보다	**ngắm xung quanh** [응암 쑴 꾸아잉]
02	추천	**giới thiệu** [지어이 티에우]
03	이것이 있나요?	**Có cái này không?** [꺼 까이 나이 콤]
04	셔츠	**áo sơ mi** [아오 써 미]
05	치마/바지	**váy/quần** [바이/꾸언]
06	사이즈	**cỡ** [꺼]
07	입어보다/신어보다	**mặc thử/đi thử** [막 트/디 트]
08	피팅룸	**phòng thay đồ** [펌 타이 도]
09	전통	**truyền thống** [쭈이엔 통]
10	지역	**vùng** [붐]
11	선물	**quà** [꾸아]

쇼핑

빨리 찾아 읽으세요!

01 둘러보다 👦 ngắm xung quanh
[응암 쑴 꾸아잉]

· 그냥 둘러보는 거예요.
Tôi chỉ muốn ngắm xung quanh thôi ạ.
[또이 찌 무온 응암 쑴 꾸아잉 토이 아]

· 혼자 둘러 볼게요.
Tôi muốn ngắm xung quanh một mình ạ.
[또이 무온 응암 쑴 꾸아잉 몯 밍 아]

· 도움이 필요하면 부를게요, 감사합니다.
Nếu cần giúp đỡ tôi sẽ gọi anh/chị, cảm ơn ạ.
[네우 껀 지웁 더 또이 쌔 거이 <u>아잉/찌</u>, 깜 언 아]

02 추천 👍 giới thiệu
[지어이 티에우]

· 추천할 만한 옷이 있나요?
Có cái áo nào giới thiệu cho tôi không ạ?
[꺼 까이 아오 나오 지어이 티에우 쩌 또이 콤 아]

· 추천할 만한 선물이 있나요?
Có món quà nào giới thiệu cho tôi làm quà tặng không ạ?
[꺼 먼 꾸아 나오 지어이 티에우 쩌 또이 람 꾸아 땅 콤 아]

· 부모님 선물을 추천해주세요.
Anh/Chị hãy giới thiệu giúp tôi một món quà để tặng bố mẹ tôi nhé.
[<u>아잉/찌</u> 하이 지어이 티에우 지웁 또이 몯 먼 꾸아 데 땅 보 매 또이 내]

· 이 옷과 어울릴 만한 것으로
추천해주세요.

**Anh/Chị hãy giới thiệu cho tôi
cái nào để hợp với áo này nhé.**
[아잉/찌 하이 지어이 티에우 쩌 또이
까이 나오 데 헙 버이 아오 나이 내]

03 이것이 있나요?

Có cái này không?
[꺼 까이 나이 콤]

· 이것이 있나요?

Có cái này không ạ?
[꺼 까이 나이 콤 아]

· 더 저렴한 것이 있나요?

Có cái nào rẻ hơn không ạ?
[꺼 까이 나오 재 헌 콤 아]

· 또 다른 것이 있나요?

Có cái khác không ạ?
[꺼 까이 칵 콤 아]

· 다른 색이 있나요?

Có màu khác không ạ?
[꺼 마우 칵 콤 아]

· 큰 것이 있나요?

Có cỡ lớn hơn không ạ?
[꺼 꺼 런 헌 콤 아]

· 작은 것이 있나요?

Có cỡ nhỏ hơn không ạ?
[꺼 꺼 녀 헌 콤 아]

· 새것이 있나요?

Có cái mới không ạ?
[꺼 까이 머이 콤 아]

쇼핑

04 셔츠 áo sơ mi
[아오 써 미]

· 셔츠를 보려고 해요.
Tôi muốn xem áo sơ mi ạ.
[또이 무온 쌤 아오 써 미 아]

· 이것보다 긴 셔츠가 있나요?
Có áo sơ mi nào dài hơn không ạ?
[꺼 아오 써 미 나오 자이 헌 콤 아]

· 이것은 남자 옷인가요?
Cái này của nam phải không ạ?
[까이 나이 꾸어 남 파이 콤 아]

· 이것은 여자 옷인가요?
Cái này của nữ phải không ạ?
[까이 나이 꾸어 느 파이 콤 아]

· 넥타이도 보려고 해요.
Tôi muốn xem cà vạt nữa ạ.
[또이 무온 쌤 까 받 느어 아]

05 치마/바지 váy/quần
[바이/꾸언]

· 치마/바지를 보려고 해요.
Tôi muốn xem váy/quần ạ.
[또이 무온 쌤 바이/꾸언 아]

· 아오자이가 있나요?
Có áo dài không ạ?
[꺼 아오 자이 콤 아]

· 긴 치마/바지가 있나요?
Có váy/quần dài không ạ?
[꺼 바이/꾸언 자이 콤 아]

· 짧은 치마/바지가 있나요?
Có váy/quần ngắn không ạ?
[꺼 바이/꾸언 응안 콤 아]

· 드레스가 있나요?
Có váy cưới không ạ?
[꺼 바이 끄어이 콤 아]

06 사이즈 🐍

cỡ
[꺼]

· 이 사이즈가 있나요?
Anh/Chị có cỡ này không ạ?
[아잉/찌 꺼 꺼 나이 콤 아]

· 너무 커요.
To quá ạ.
[떠 꾸아 아]

· 너무 작아요.
Nhỏ quá ạ.
[녀 꾸아 아]

· 더 큰 것으로 주세요.
Cho tôi cái lớn hơn ạ.
[쩌 또이 까이 런 헌 아]

· 더 작은 것으로 주세요.
Cho tôi cái nhỏ hơn ạ.
[쩌 또이 까이 녀 헌 아]

07 입어보다/ 신어보다 👕👟

mặc thử/đi thử
[막 트/디 트]

· 이것으로 입어볼게요.
  이것으로 신어볼게요.
👕 **Tôi sẽ mặc thử cái này ạ**
[또이 쌔 막 트 까이 나이 아]
👟 **Tôi sẽ đi thử cái này ạ.**
[또이 쌔 디 트 까이 나이 아]

· 다른 것으로 입어볼게요.
Tôi sẽ mặc thử cái khác ạ.
[또이 쌔 막 트 까이 칵 아]

· 다른 사이즈로 신어볼게요.
Tôi sẽ đi thử cỡ khác ạ.
[또이 쌔 디 트 꺼 칵 아]

쇼핑

08 피팅룸 🚪

phòng thay đồ
[펌 타이 도]

· 피팅룸이 어디인가요?

Phòng thay đồ ở đâu ạ?
[펌 타이 도 어 더우 아]

· 피팅룸을 못 찾겠어요.

Tôi không tìm thấy phòng thay đồ ạ.
[또이 콤 띰 터이 펌 타이 도 아]

· 몇 개를 입어볼 수 있나요?

Tôi có thể mặc thử mấy cái ạ?
[또이 꺼 테 막 트 머이 까이 아]

· 이것은 안 입어봤어요.

Tôi chưa mặc thử cái này ạ.
[또이 쯔어 막 트 까이 나이 아]

· 이것으로 주세요.

Tôi sẽ lấy cái này ạ.
[또이 쌔 러이 까이 나이 아]

09 전통 👘

truyền thống
[쭈이엔 톰]

· 이것은 전통 의상인가요?

Đây là quần áo truyền thống phải không ạ?
[더이 라 꾸언 아오 쭈이엔 톰 파이 콤 아]

· 전통 물건이 있나요?

Có đồ truyền thống không ạ?
[꺼 도 쭈이엔 톰 콤 아]

· 전통 음식이 있나요?

Có món ăn truyền thống không ạ?
[꺼 먼 안 쭈이엔 톰 콤 아]

10 지역

vùng
[붐]

· 이 지역에서 가장 유명한
  특산품은 무엇인가요?

**Đặc sản nổi tiếng nhất vùng này
là gì ạ?**
[닥 싼 노이 띠엥 녇 붐 나이 라 지 아]

· 지역 특산품이 있나요?

Ở vùng này có đặc sản không ạ?
[어 붐 나이 꺼 닥 싼 콤 아]

· 어떤 것이 제일 잘 팔리나요?

Cái nào bán chạy nhất ạ?
[까이 나오 반 짜이 녇 아]

11 선물

quà
[꾸아]

· 선물 포장을 해 주세요.

Hãy gói quà giúp tôi nhé.
[하이 거이 꾸아 지웁 또이 녜]

· 선물로는 무엇이 좋나요?

Cái nào hợp để làm quà ạ?
[까이 나오 헙 데 람 꾸아 아]

· 이것은 선물로 잘 나가나요?

**Người ta có hay mua món này
làm quà không ạ?**
[응으이 따 꺼 하이 무어 먼 나이 람 꾸아 콤 아]

12 주류

rượu
[즈어우]

· 술은 어디에서 사나요?

Tôi có thể mua rượu ở đâu ạ?
[또이 꺼 테 무어 즈어우 어 더우 아]

· 레드 와인을 보여주세요.

Làm ơn cho tôi xem rượu vang đỏ ạ.
[람 언 쩌 또이 쌤 즈어우 방 더 아]

쇼핑

· 넵머이를 보여주세요. **Làm ơn cho tôi xem rượu Nếp Mới ạ.**
[람 언 쩌 또이 쌤 즈어우 넵 머이 아]

· 1인당 몇 병을 살 수 있나요? **Mỗi người thì được mua mấy chai ạ?**
[모이 응으어이 티 드억 무어 머이 짜이 아]

13 차 trà
[짜]

· 녹차가 있나요? **Có trà xanh không ạ?**
[꺼 짜 싼 콤 아]

· 우롱차가 있나요? **Có trà Ô Long không ạ?**
[꺼 짜 오 럼 콤 아]

· 밀크티가 있나요? **Có trà sữa không ạ?**
[꺼 짜 쓰어 콤 아]

14 향수 nước hoa
[느억 호아]

· 향수를 보려고 해요. **Tôi muốn xem nước hoa ạ.**
[또이 무온 쌤 느억 호아 아]

· 이것의 향을 맡아봐도 되나요? **Tôi có thể ngửi thử được không ạ?**
[또이 꺼 테 응으이 트 드억 콤 아]

· 달콤한 향 있나요? **Có mùi nào dịu hơn không ạ?**
[꺼 무이 나오 지우 헌 콤 아]

· 상큼한 향 있나요? **Có mùi nào thơm mát hơn không ạ?**
[꺼 무이 나오 텀 맏 헌 콤 아]

15 시계

đồng hồ
[돔 호]

· 손목시계 보려고 해요.
Tôi muốn xem đồng hồ đeo tay ạ.
[또이 무온 쌤 돔 호 대오 따이 아]

· 여자 시계를 보여주세요.
Làm ơn cho tôi xem đồng hồ đeo tay nữ ạ.
[람 언 쩌 또이 쌤 돔 호 대오 따이 느 아]

· 남자 시계를 보여주세요.
Làm ơn cho tôi xem đồng hồ đeo tay nam ạ.
[람 언 쩌 또이 쌤 돔 호 대오 따이 남 아]

· 어린이 시계를 보여주세요.
Làm ơn cho tôi xem đồng hồ đeo tay trẻ em ạ.
[람 언 쩌 또이 쌤 돔 호 대오 따이 째 앰 아]

16 가방

túi xách
[뚜이 싸익]

· 가방을 보려고 해요.
Tôi muốn xem túi xách ạ.
[또이 무온 쌤 뚜이 싸익 아]

· 숄더백을 보여주세요.
Làm ơn cho tôi xem túi đeo vai ạ.
[람 언 쩌 또이 쌤 뚜이 대오 바이 아]

· 토트백을 보여주세요.
Làm ơn cho tôi xem túi xách lớn ạ.
[람 언 쩌 또이 쌤 뚜이 싸익 런 아]

· 클러치백을 보여주세요.
Làm ơn cho tôi xem túi cầm tay ạ.
[람 언 쩌 또이 쌤 뚜이 껌 따이 아]

· 지갑을 보여주세요.
Làm ơn cho tôi xem ví ạ.
[람 언 쩌 또이 쌤 비 아]

· 장지갑을 보여주세요.
Làm ơn cho tôi xem ví dài ạ.
[람 언 쩌 또이 쌤 비 자이 아]

· 동전 지갑을 보여주세요.
Làm ơn cho tôi xem ví đựng tiền xu ạ.
[람 언 쩌 또이 쌤 비 등 띠엔 수 아]

쇼핑

17 화장품

mỹ phẩm
[미 펌]

- 화장품 코너는 어디인가요?
  Quầy mỹ phẩm ở đâu ạ?
  [꾸어이 미 펌 어 더우 아]

- 화장품을 보려고 해요.
  Tôi muốn xem mỹ phẩm ạ.
  [또이 무온 쌤 미 펌 아]

- 크림을 보여주세요.
  Làm ơn cho tôi xem kem dưỡng ạ.
  [람 언 쩌 또이 쌤 깸 즈엉 아]

- 파운데이션을 보여주세요.
  Làm ơn cho tôi xem kem nền ạ.
  [람 언 쩌 또이 쌤 깸 넨 아]

- 마스카라를 보여주세요.
  Làm ơn cho tôi xem mascara ạ.
  [람 언 쩌 또이 쌤 마스카라 아]

- 립스틱을 보여주세요.
  Làm ơn cho tôi xem son môi ạ.
  [람 언 쩌 또이 쌤 썬 모이 아]

18 할인/세일

giảm giá / khuyến mãi
[지암 지아/쿠이엔 마이]

- 할인이 되나요?
  Có giảm giá không ạ?
  [꺼 지암 지아 콤 아]

- 얼마나 할인을 해주시나요?
  Giảm bao nhiêu ạ?
  [지암 바오 니에우 아]

- 할인을 더 해주실 수 있나요?
  Giảm giá nữa được không ạ?
  [지암 지아 느어 드억 콤 아]

- 이것은 세일 중인가요?
  Cái này đang khuyến mãi không ạ?
  [까이 나이 당 쿠이엔 마이 콤 아]

· 이 가격은 세일 금액인가요? **Giá này là giá khuyến mãi ạ?**
[지아 나이 라 지아 쿠이엔 마이 아]

· 이것도 세일 품목이 맞나요? **Cái này cũng là hàng khuyến mãi phải không ạ?**
[까이 나이 꿈 라 항 쿠이엔 마이 파이 콤 아]

19 지급
trả tiền
[짜 띠엔]

· 이것은 얼마인가요? **Cái này bao nhiêu tiền ạ?**
[까이 나이 바오 니에우 띠엔 아]

· 20,000동입니다. **20.000 đồng ạ.**
[하이 므어이 응인 돔 아]

· 너무 비싸요. **Đắt quá ạ.**
[닽 꾸아 아]

· 조금만 깎아주세요. **Giảm một chút cho tôi đi ạ.**
[지암 몯 쭏 쩌 또이 디 아]

· 조금만 더 깎아주실 수 있나요? **Bớt chút nữa được không ạ?**
[벋 쭏 느어 드억 콤 아]

· 현금으로 할게요. **Tôi trả bằng tiền mặt ạ.**
[또이 짜 방 띠엔 맏 아]

· 카드로 할게요. **Tôi trả bằng thẻ ạ.**
[또이 짜 방 태 아]

쇼핑

20 영수증

hoá đơn
[호아 던]

· 영수증이 필요하세요?

Anh/Chị có cần hóa đơn không ạ?
[아잉/찌 꺼 껀 호아 던 콤 아]

· 영수증이 필요해요.

Tôi cần hóa đơn ạ.
[또이 껀 호아 던 아]

· 영수증을 안 주셨어요.

Anh/Chị chưa đưa hóa đơn cho tôi ạ.
[아잉/찌 쯔어 드어 호아 던 쩌 또이 아]

21 포장

gói (lại)
[거이 (라이)]

· 포장을 해주세요.

Xin gói cái này lại giúp tôi ạ.
[씬 거이 까이 나이 라이 지웁 또이 아]

· 따로따로 포장을 해주세요.

Xin gói riêng từng cái cho tôi ạ.
[씬 꺼이 지엥 뜽 까이 쩌 또이 아]

· 포장은 이것 하나만 해주세요.

Gói cái này cho tôi thôi nhé.
[거이 까이 나이 쩌 또이 토이 냬]

· 포장하는데 비용이 드나요?

Có mất tiền gói không ạ?
[꺼 멑 띠엔 거이 콤 아]

· 그냥 제가 집에서 포장할게요.

Tôi sẽ tự gói lại ở nhà ạ.
[또이 쌔 뜨 거이 라이 어 냐 아]

22 깨지기 쉬운 🏆 dễ vỡ
[제 버]

· 이것은 깨지기 쉬워요.   **Cái này dễ vỡ ạ.**
[까이 나이 제 버 아]

· 조심해주세요.   **Hãy cẩn thận nhé.**
[하이 껀 턴 내]

· 예쁘게 포장해주세요.   **Anh/chị hãy gói thật đẹp giúp tôi nhé.**
[아잉/찌 하이 거이 턷 댑 지웁 또이 내]

★ 베트남 더 알기!   **6. K가 무엇인가요?**

베트남에서 여행을 하다 보면 식당, 슈퍼, 일반적인 공공서비스 시설에 K와 함께 숫자가 적혀있는 것을 발견할 수 있습니다. K는 베트남어 대화에서 자주 사용하는 단어입니다. K는 영어에서 가져온 표현으로 Kilo(킬로그램)의 약자로 베트남어의 1000을 나타내는 Nghìn과 같은 의미입니다. 영어 혹은 불어에서는 킬로그램에 다른 단어를 적어 측량의 단위를 가리키는데 kilogram(킬로그램) = 1000 gram(그램), kilometer(킬로미터) = 1000 meter(미터), kilowatt = 1000 watt 즉 kilo는 1000을 나타냅니다. 그렇기 때문에 우리는 K라는 단어를 보면 숫자 1000 혹은 베트남어 nghìn을 표시해놓은 것이라 보면 됩니다.

위급상황

필요한 단어! **T 09-03**

01	돈 냈어요	**đã trả tiền rồi** [다 짜 띠엔 조이]
02	교환	**đổi lại** [도이 라이]
03	환불	**hoàn lại tiền** [호안 라이 띠엔]
04	너무 작아요	**chật quá** [쩟 꾸아]
05	너무 커요	**rộng quá** [좀 꾸아]
06	안 맞아요	**không vừa** [콤 브어]

빨리 찾아 말하면 OK! T 09-04

· 이미 돈을 냈어요.

Tôi đã trả tiền rồi ạ.
[또이 다 짜 띠엔 조이 아]

· 교환하고 싶어요.

Tôi muốn đổi hàng ạ.
[또이 무온 도이 항 아]

· 왜 교환하시려고 하나요?

Tại sao anh/chị muốn đổi hàng ạ?
[따이 싸오 <u>아잉/찌</u> 무온 도이 항 아]

· 사이즈 때문이에요.

Vì kích cỡ ạ.
[비 끽 꺼 아]

· 이것을 환불하고 싶어요.

Tôi muốn hoàn lại tiền ạ.
[또이 무온 호안 라이 띠엔 아]

· 영수증 있으세요?

Có hoá đơn không ạ?
[꺼 호아 던 콤 아]

· 결제하셨던 카드 있으세요?

**Anh/Chị có thẻ tín dụng
đã thanh toán không ạ?**
[<u>아잉/찌</u> 꺼 태 띤 줌 다 타잉 또안 콤 아]

· 너무 작아요.

Chật quá ạ.
[쩓 꾸아 아]

· 큰 것으로 바꿔주세요.

Làm ơn cho tôi đổi cái lớn hơn ạ.
[람 언 쩌 또이 도이 까이 런 헌 아]

· 너무 커요.

Rộng quá ạ.
[좀 꾸아 아]

· 작은 것으로 바꿔주세요.

Làm ơn cho tôi đổi cái nhỏ hơn ạ.
[람 언 쩌 또이 도이 까이 녀 헌 아]

· 사이즈가 안 맞아요.

Cái này không vừa ạ.
[까이 나이 콤 브어 아]

쇼핑

우와! 구경해볼까~

확인해보겠습니다.

Có màu khác không ạ?

다른 색도 있나요?

신나
신나

TADA

여기 있습니다.

크흡~!

Eww

Eww

잠겨라~!!!

> Nhỏ quá ạ.
> Có cỡ nào lớn hơn không ạ?

너무 작아요.
큰 사이즈가 있나요?

망설이지 말자!
Chúng ta đừng chần chừ nữa!

너무 커요.
To quá ạ.
[떠 꾸아 아]

다른 사이즈가 있나요?
Có cỡ khác không ạ?
[꺼 꺼 칵 콤 아]

다른 색도 있나요?
Có màu khác không ạ?
[꺼 마우 칵 콤 아]

쇼핑

PART 10

귀국할 때

귀국할 때

많은 단어를 알 필요 없다
왜? 말할 게 뻔하니까!

T 10-01

01	확인	**kiểm tra** [끼엠 짜]
02	변경	**thay đổi** [타이 도이]
03	지연	**hoãn** [호안]
04	자리	**chỗ ngồi** [쪼 응오이]
05	제한	**giới hạn** [지어이 한]
06	수화물	**hành lý** [하잉 리]
07	요청	**yêu cầu** [이에우 꺼우]
08	경유	**quá cảnh** [꾸아 까잉]
09	텍스 환급(리턴)	**hoàn thuế** [호안 투에]

빨리 찾아 읽으세요! **T 10-02**

01 확인 🔍

kiểm tra
[끼엠 짜]

- 티켓을 확인하려고 해요.
  Tôi muốn kiểm tra vé máy bay của tôi ạ.
  [또이 무온 끼엠 짜 배 마이 바이 꾸어 또이 아]

- 자리를 확인하려고 해요.
  Tôi muốn kiểm tra chỗ ngồi của tôi ạ.
  [또이 무온 끼엠 짜 쪼 응오이 꾸어 또이 아]

- 출발 시간을 확인하려고 해요.
  Tôi muốn kiểm tra thời gian xuất phát ạ.
  [또이 무온 끼엠 짜 터이 지안 쑤얻 팓 아]

02 변경

thay đổi
[타이 도이]

- 비행기를 변경하려고 해요.
  Tôi muốn thay đổi chuyến bay ạ.
  [또이 무온 타이 도이 쭈이엔 바이 아]

- 티켓을 변경하려고 해요.
  Tôi muốn thay đổi vé máy bay ạ.
  [또이 무온 타이 도이 배 마이 바이 아]

- 비행 시간을 변경하려고 해요.
  Tôi muốn thay đổi giờ bay ạ.
  [또이 무온 타이 도이 지어 바이 아]

- 자리를 변경하려고 해요.
  Tôi muốn thay đổi chỗ ngồi ạ.
  [또이 무온 타이 도이 쪼 응오이 아]

귀국

03 지연

hoãn
[호안]

· 비행기가 무슨 일로
지연되나요?

Chuyến bay bị hoãn vì chuyện gì ạ?
[쭈이엔 바이 비 호안 비 쭈이엔 지 아]

· 비행기가 언제까지
지연되나요?

**Chuyến bay của tôi bị hoãn đến
khi nào ạ?**
[쭈이엔 바이 꾸어 또이 비 호안 덴 키 나오 아]

· 비행기가 지연되어서 하루 더
있어야 해요.

**Vì chuyến bay bị hoãn nên tôi phải
ở thêm một ngày nữa ạ.**
[비 쭈이엔 바이 비 호안 넨 또이 파이
어 템 몯 응아이 느어 아]

04 자리

chỗ ngồi
[쪼 응오이]

· 창가 자리로 주세요.

Làm ơn cho tôi ghế cạnh cửa sổ ạ.
[람 언 쩌 또이 게 까잉 끄어 쏘 아]

· 복도 자리로 주세요.

Làm ơn cho tôi ghế cạnh lối đi ạ.
[람 언 쩌 또이 게 까잉 로이 디 아]

· 옆자리로 주세요.

Làm ơn cho tôi ghế bên cạnh ạ.
[람 언 쩌 또이 게 벤 까잉 아]

05 제한

giới hạn
[지어이 한]

· 중량 제한이 얼마인가요?

Trọng lượng giới hạn là bao nhiêu ạ?
[쩜 르엉 지어이 한 라 바오 니에우 아]

· 기내 중량 제한은요?

Trọng lượng giới hạn của hành lý xách tay thì sao ạ?
[쩜 르엉 지어이 한 꾸어
하잉 리 싸익 따이 티 싸오 아]

06 수화물

hành lý
[하잉 리]

· 저는 위탁 수화물이 없어요.

Tôi không có hành lý kí gửi ạ.
[또이 콤 꺼 하잉 리 끼 그이 아]

· 저는 기내 수화물이 두 개 있어요.

Tôi có hai hành lý xách tay ạ.
[또이 꺼 하이 하잉 리 싸익 따이 아]

· 제 수화물이 무게 초과인가요?

Hành lý của tôi có quá cân không ạ?
[하잉 리 꾸어 또이 꺼 꾸아 껀 콤 아]

07 요청

yêu cầu
[이에우 꺼우]

· 미리 요청을 안 했어요.
Tôi chưa yêu cầu trước ạ.
[또이 쯔어 이에우 꺼우 쯔억 아]

· 지금 요청은 불가능해요.
Bây giờ không được yêu cầu ạ.
[버이 지어 콤 드억 이에우 꺼우 아]

· 좀 해주세요.
Xin hãy giúp tôi ạ.
[씬 하이 지웁 또이 아]

08 경유

quá cảnh
[꾸아 까잉]

· 환승 라운지가 어디인가요?
Phòng chờ quá cảnh ở đâu ạ?
[펌 쩌 꾸아 까잉 어 더우 아]

· ○○를 경유해서 인천으로
가려고 해요.
Tôi quá cảnh ở ○○ đi Incheon ạ.
[또이 꾸아 까잉 어 ○○ 디 인천 아]

귀국하기 전에는 놓고 온
물건이 없는지 확인하세요!

09 텍스 환급 (리턴)

hoàn thuế
[호안 투에]

· 텍스 환급하는 곳이
  어디인가요?

Chỗ hoàn thuế ở đâu ạ?
[쪼 호안 투에 어 더우 아]

· 텍스 환급이 되나요?

Tôi có được hoàn thuế không ạ?
[또이 꺼 드억 호안 투에 콤 아]

· 텍스 환급이 왜 안 되나요?

Tại sao tôi không được hoàn thuế ạ?
[따이 싸오 또이 콤 드억 호안 투에 아]

★ 베트남 더 알기! **7. 베트남 면세점**

여행의 마지막 쇼핑 기회인 면세점!
베트남 면세점은 대부분 국영이며 면세점 안에는
베트남 전통의상인 아오자이 (áo dài), 전통모자
논라 (nón lá), 담배, 커피, 명품 잡화 등을 판매합
니다. 면세점은 예전보다 점포도 많아지고 규모가
점점 커지고 있으나 면세점 안의 상품가격이 저렴
하지 않습니다. 60,000동에 판매되고 있는 커피가
면세점에는 약 200,000동에 판매되고 있습니다. 되도록 시내 관광을 할 때 구매하는
게 좋습니다.

위급상황

필요한 단어! T 10-03

01	잃어버리다	**bị mất** [비 멑]
02	놓치다	**bị lỡ** [비 러]
03	다음 비행 편	**chuyến bay tiếp theo** [쭈이엔 바이 띠엡 태오]
04	항공사	**hãng hàng không** [항 항 콤]
05	추가 요금	**phí phụ thu** [피 푸 투]

빨리 찾아 말하면 OK! T 10-04

· 항공권을 잃어버렸어요.

Tôi bị mất vé máy bay ạ.
[또이 비 멀 배 마이 바이 아]

· 여권을 잃어버렸어요.

Tôi bị mất hộ chiếu ạ.
[또이 비 멀 호 찌에우 아]

· 수화물표를 잃어버렸어요.

Tôi bị mất vé gửi hành lý ạ.
[또이 비 멀 배 그이 하잉 리 아]

· 비행기를 놓쳤어요.

Tôi bị lỡ chuyến bay ạ.
[또이 비 러 쭈이엔 바이 아]

· 비행기를 놓쳤는데, 누구한테
물어봐야 하나요?

Tôi bị lỡ chuyến bay thì phải hỏi ai ạ?
[또이 비 러 쭈이엔 바이 티 파이 허이 아이 아]

· 다음 비행 편은 언제인가요?

Khi nào có chuyến bay tiếp theo ạ?
[키 나오 꺼 쭈이엔 바이 띠엡 태오 아]

· 다른 항공사도 상관없어요.

Hãng hàng không khác cũng được ạ.
[항 항 콤 칵 꿈 드억 아]

· 추가 요금이 있나요?

Có phải mất phí thêm không ạ?
[꺼 파이 멀 피 템 콤 아]

· 추가 요금은 냈어요.

Tôi đã trả phí phụ thu rồi ạ.
[또이 다 짜 피 푸 투 조이 아]

귀국

두리번 두리번

음... 어디지?

Xin lỗi, quầy làm thủ tục của hãng hàng không Siwon ở đâu ạ?

실례합니다만, 시원 항공 창구는 어디에 있나요?

Ở đằng kia ạ.

저쪽에 있습니다.

Không có gì ạ.

천만에요.

Cảm ơn anh ạ.

감사합니다.

망설이지 말자!
Chúng ta đừng chần chừ nữa!

○○ 항공 창구는 어디에 있나요?

Quầy làm thủ tục của hãng hàng không ○○ ở đâu ạ?

[꾸아이 람 투 뚭 꾸어 항 항 콤 ○○ 어 더우 아]

시간이 없어요.

Tôi không có thời gian ạ.

[또이 콤 꺼 터이 지안 아]

IMMIGRATION
부록
DUTY & ST PRODUCT

떠나자 베트남으로!!

베트남 여행이 즐거워지는 필수 정보

Quán Cà phê

✈ 베트남

Part 1. 남부

★ 호찌민시
활기 넘치는 베트남 최대의 경제 도시

면적은 2,095㎢로 서울의 3.4배에 달하고(서울 605㎢),
인구는 약 961만 명(2017년 기준)으로 베트남 최대의
도시이자 경제 중심지.

보고 즐길만한 곳으로는 사방 약 2㎢ 정도로 되어 있는
'동커이' 거리에서 '데탐'(일명 '여행자 거리'), '레러이'
거리로 부담없이 도보로 즐기기 좋은 곳이다. 30도를
웃도는 더위에 지친다면 택시와 차량공유서비스를 이용해
관광할 수도 있다.

· 독립 궁 (Dinh Độc Lập 징 돕 럽)
1966년에 지어진 남베트남 시대의 대통령 관저.
1975년 종전 이후 독립 궁으로 변하여 일반인에 공개되고 있다.
100개 이상의 방을 가진 호화로운 구조이며, 전쟁 당시의 모습
을 그대로 담고 있는 사령실, 암호 해독실 등이 보존되어 있다.

· 노트르담 대성당 (nhà thờ Đức Bà 냐 터 득 바)
19세기 말 베트남을 점령 중이던 프랑스가 지은 가톨릭 대성당,
혹은 성모마리아 교회.
독특한 외관과 함께 두 개의 첨탑이 높이 솟아 있어, 여행 중
기준점을 삼기에 좋다. 일요일에는 많은 신도가 미사를 드리니,
될 수 있으면 피해가 가지 않도록 조용히 둘러보는 것이 좋다.

· 벤탄시장 (Chợ Bến Thành 쩌 벤 타잉)
1914년에 설립된 호찌민시의 활기를 상징하는 듯한 시장.
2,000여 개의 상점이 밀집해 있어 처음가는 관광객들은 혼란
스러워하지만, 카테고리별로 구역이 나뉘어 있어 생각보다

원하는 물품을 찾기 수월하다. 각국의 관광객이 가장 즐겨찾는 명소이다.

· 호찌민시 시청 (Văn phòng Ủy Ban Nhân Dân Thành phố Hồ Chí Minh)

프랑스의 영향을 받던 1908년 완공된 건축물로 특유의 이국적인 외관이 인상적이며 포토존으로 인기가 많다.

저녁 시간이 되면 시청 앞 광장은 도로가 통제되고, 많은 현지인과 관광객들이 모여 음식과 음료를 먹고 마시며 분수쇼를 즐기는 등 활기찬 분위기를 느낄 수 있다.

· 전쟁기념박물관 (Bảo tàng chứng tích chiến tranh 바오 땅 쯩 띡 찌엔 짜잉)

베트남 전쟁에서 실제 사용했던 탱크, 전투기 등의 병기와 전쟁에 관한 자료를 보관하고 있는 박물관.

단순한 전쟁 기념관이 아닌, 전쟁의 참혹한 실상 역시도 숨김없이 보여 주는 진짜 전쟁을 담고 있는 박물관이다.

★ 냐짱

남부의 대표적 휴양지

호찌민에서 북동쪽으로 약 300km 떨어져 있는 도시로, '동양의 나폴리'라고 불린다. 8세기에는 베트남 중부지방을 지배했던 참파 왕국의 수도였으며, 현재는 남중국해 어업과 군사의 중심지이기도 한만큼 단순한 관광지가 아닌 지정학적 요충지이다. 19세기 프랑스 식민시대에 피서지로 개발한 것이 현재에 이른다. 7km의 깨끗한 냐짱 비치에 리조트들이 자리하고 있고, 해안가의 쩐푸거리가

여행의 중심지로 현존하는 참파 유적지 중 가장 오래된 것 중 하나인 '포나가탑', 프랑스 고딕 양식의 '냐짱 대성당', 다양한 매력을 한곳에 담은 '빈펄리조트' 등이 유명하다.

★ 달랏

숲과 호수와 꽃의 이국적 고원

호찌민에서 약 300km가 떨어진 곳에 있는 고원 도시.냐짱과의 거리는 140km 정도이지만, 산간도로인 탓에 4시간 정도의 시간이 소요된다. 달랏을 상징하는 것은 숲과 호수와 꽃일 만큼 베트남 다른 지역과 뚜렷이 구분되는 풍광을 지닌다. 베트남 고유의 문화를 바탕으로, 냐짱과 마찬

가지로 19세기 프랑스 식민시대에 피서지로 개발되어 동서양의 조화가 아름다운 도시이다. '응우옌 왕조' 마지막 황제인 바오다이와 그 가족들이 여름 별장으로 사용한 '바오다이 별장(팰리스 3)', 1,300m 고원에 자리해 케이블카를 타고 이동해야 하는 '죽림사', 베트남에서 가장 아름다운 기차역으로 불리는 '달랏역', 꽃의 도시로 유명한 달랏의 꽃을 감상할 수 있는 '플라워 가든' 등이 유명하다.

★ 푸꾸옥
때묻지 않은 마지막 지상낙원

푸꾸옥은 베트남의 남서쪽 끝에 위치한 베트남 섬 중에서 가장 큰 섬으로, 사계절 내내 기온이 23~25도로 다양한 체험을 할 수 있다. 베트남에서도 가장 아름다운 해변으로 꼽히는 천혜의 자연환경을 자랑하며 호찌민과 하노이에서 비행기로 1시간 내외면 도착할 수 있다. 서부의 해안을 중심으로 고급 리조트들이 늘어서 있고, 남쪽 끝의

켐 비치 등이 유명하다. 자연경관 외에도 푸꾸옥 수용소, 후추밭, 느억맘 공장 등이 관광객들의 발길을 끈다. 푸꾸옥은 후추밭과 진주 등이 많이 나오는 지역으로 특산품인 후추와, 진주를 사는 것이 좋다. 나짱 개발을 이끈 '빈 그룹'의 빈펄 리조트, 메리어트 푸꾸옥 등이 유명하다. 덤으로 대규모 개발로 인해 최근 베트남에서 가장 핫한 부동산 투자처이기도 하다.

Part 2. 중부

★ 다낭
핫 오브 핫 플레이스

혜성처럼 떠오른 베트남 최고의 휴양지.
휴양지일 뿐만 아니라 80만의 인구를 가진 중부지역 최대의 도시이다. 천혜의 자연환경 위에 완벽한 계획으로 정비된 계획도시로 베트남인이 가장 살고 싶은 도시 1위에 빛나는 핫플레이스이다.
다낭은 강을 중심으로 두 개의 다리로 연결된 서쪽의 '시가지'와 동쪽의 '선짜반도'로 구분된다. 관광장소와 호텔 등은 대부분 서쪽에 있으며, 공항과 역은 모두 시내에 위치해서 관광객들에게 최고의 동선을 자랑한다. 해변을 따라 늘어선 최고급 리조트, 1,500m 고지의 이국적인 풍광의 바나힐스, 역사의 숨결이 가득한 호이안 등을 한 번에 즐길 수 있는 베트남 최고의 종합 관광 선물세트인 곳이다.

볼거리

· 짬 조각 박물관 (Bảo tàng Chăm 바오 땅 짬)
다낭과 인근 호이안은 2~15세기 베트남 중남부 지방을 지배했던 참파왕국의 중심지 역할을 했다. 짬 조각 박물관은 베트남내에서 가장 많은 참파 왕국 관련 유물을 소장하고 있는 박물관이다.

· 마블 마운틴 (Ngũ Hành Sơn 응우 하잉 썬)
다섯 개의 봉우리로 구성되어 있는 세계 최고의 대리석 산으로 각각의 봉우리는 나무, 금속, 흙, 불, 물을 나타낸다. 원래 힌두교의 성지였으나 지금은 불교의 성지 역할을 하고 있다.

· 바나힐스 (Bà Nà Hills)
달랏과 마찬가지로 프랑스 식민시대에 피서지로 개발된 해발 1,500m의 고원으로 산기슭과 고원을 연결하는 5,042m에 달하는 세계에서 가장 긴 케이블카가 유명하다. 케이블카를 타고 정상에 도착하면, 360도 탁 트인 전망과 프랑스풍의 거리와 고성은 어디에서도 경험하기 힘든 깊은 인상을 준다.

· 호이안 (Hội An)
일본과 중국 상인들이 다수 거주하며 베트남의 전통문화와 섞여 독특한 호이안 스타일이 형성된 곳이다. 전통적인 생활 방식, 관습, 신앙, 종교, 축제, 자연경관, 특산물 등이 잘 보존되어 있어 구시가지 전체가 유네스코 세계문화유산으로 지정되어 있다. 다낭에서 30km 거리에 위치하여 다낭을 거점으로 당일 투어로 방문하여도 충분히 호이안의 정취를 느낄 수 있다.

★ 후에

마지막 도읍의 고즈넉함

베트남 마지막 왕조 '응우옌' 왕조의 도읍. 흐엉강을 중심으로 북서쪽의 구시가지와, 남동쪽의
신시가지로 나뉜다. 대부분의 볼거리는 구시가지에 위치해 있고, 숙식과 어트랙션등

은 신시가지에 위치한다. 구시가지 중심의 '응우
옌 왕궁'은 유네스코 세계문화유산에도 등재되어
있는 후에 최고의 관광명소. '응우옌'왕조의 모든 것을
담은 '후에 궁정 박물관'과, 베트남 전쟁의 최대격전지인
후에의 역사를 담은 '트아티엔 후에 종합박물관', '티엔무
사원' 등이 주요 볼거리이다.
'응우옌' 왕조의 건축양식과 우리나라 고려, 조선시대의
건축양식을 비교해보는 재미가 쏠쏠하다.

Part 3. 북부

★ 하노이

천년고도. 베트남 정치 문화의 중심지

1010년 리왕조의 수도 때부터 1975년 베트남 통일 후
베트남사회주의공화국의 수도가 되기까지 천년을 넘는
기간 동안 베트남 역사의 중심에서 베트남을 이끌어온
도시. 가장 베트남다운 '역사의 도시'. 유서 깊은 사원과
구시가지의 오래된 건축물, 식민시대의 콜로니얼 양식
건축물들이 호안끼엠 호수와 떠이 호수 등 아름다운
자연을 배경으로 조화를 이루고 있다.

하노이는 호찌민과 달리 관광명소들이 도시 곳곳에 흩어져 있는데다, 넓은 면적을 자랑하는
도시로 관광계획을 꼼꼼히 세우지 않으면 안된다. 하노이의 상징이라고 할 수 있는 호안끼엠
호수를 거점으로 계획을 세우는 것이 현명하다.

· 호안끼엠 호수 (Hồ Hoàn Kiếm 호 호안 끼엠)

15세기 레왕조의 시조인 레러이가 이 호수에서 건져 올린 검으로 명나라 군사를 물리치고 베트남을 지켰다는 전설이 있는 호수. 그래서 호수 이름도 '검을 돌려주다'라는 뜻의 '호안끼엠'이다. 이 호수를 중심으로 구시가지가 펼쳐져 있어 여행의 거점으로 잡기 딱이다. 하노이 사람들의 '호안 끼엠' 호수 사랑은 대단해서 아침부터 밤까지 산책과 운동 등을 즐기는 사람들의 발길이 끊이지 않는다.

· 국립 역사박물관 (Bảo tàng lịch sử Việt Nam 바오 땅 릭 쓰 비엩 남)

구 역사박물관과 구 혁명박물관이 통합하여 국립 역사박물 관이 되었다. 사이트 A는 역사박물관, B는 혁명박물관이다. 고대부터 19세기를 거쳐 현대까지의 다양한 역사 유물이 시대순으로 전시되어 있다.

· 대성당 (Nhà thờ lớn Hà Nội 냐 터 런 하 노이)

프랑스 식민시대에 건설된 네오고딕 양식의 스테인드글라스가 특히 아름다운 성당. 주변에 분위기있는 까페와 톡톡튀는 잡화점 등이 몰려 있어 여행객이 즐겨 찾는다.

· 떠이 호수 (Hồ Tây 호 떠이)

구시가지 북동쪽의 큰 호수. 베트남의 독립과 통일을 이끈 민족의 영웅 '호찌민' 묘지와 관저, 박물관 등이 자리하고 있다. 떠이 호수의 고요하고 잔잔한 모습이 영감을 불러 일으키는지 공자를 모신 '문묘', 베트남 최대의 동상이 있는 '꾸안 타인 사원', 6세기에 세워진 불교 사찰 '쩐꾸옥 사원' 등 유교 불교 도교의 유적지가 모두 자리하고 있다.
최근에는 떠이 호수 주변에 우리나라 건설사들이 다수 참여한 대규모 부동산 개발 프로젝트가 진행되고 있기도 하다.

· 동쑤언 시장 (Chợ Đồng Xuân 쩌 돔 쑤언)
하노이 최대의 시장. 프랑스 식민 시대 길거리에 넘쳐나는 노점
들을 수용하기 위해 지어졌으며, 현재 건물은 화재로 소실된
과거의 건물을 재현한 것이다. 호안끼엠 호수와 동쑤언 시장
사이의 도로들은 주말 밤이면 차량통행이 통제되고 수많은
관광객과 현지인들이 맥주를 즐기는 떠들썩한 분위기로 변신
한다. 그래서 여행객들이 가장 즐겨찾는 명소이다.

★ **하롱베이**

비취색 바다에 수놓인 기암괴석. 한폭의 동양화

베트남 최고의 명승지로 불리는 하롱베이는 유네
스코 세계자연유산에 등재되어 있다. 비취색의
바다위에 2,000개 이상의 크고 작은 기암괴석이
솟은 환상적인 모습으로 인해 중국의 '계림'과 비교
되어, '바다의 계림'이라는 별명으로 불린다.

주로 기암괴석을 배경으로 즐기는 카약투어, 크루즈
에서 즐기는 선셋디너와 다양한 베트남 문화체험,
동굴탐사, 수상비행기 체험 등이 하롱베이를 더 풍성하게 해준다.

★ **사파**

소수민족의 평화로운 고원마을

독특한 복색의 소수민족과 '세계에서 가장 아름다운 계단식 논 11곳' 중 한 곳으로
꼽힌 계단식 논이 상징인 해발 1,650m의 고원마을로 12개 부족들이 거주하고 있다.
하노이에서 북서쪽으로 350km 떨어져 있는데다 고원이기까지 하여 베트남을
통틀어 가장 시원하고 쾌적한 도시이다. 다양한 소수민족들이 한곳에 모이는
 '사파시장'을 중심으로 관광이 이루어진다. 소수민
족들의 마을을 찾아가는 트레킹 코스와 다채로운
민속공예품쇼핑이 사파의 매력을 더해준다.

메모장

여행 베트남어 책과
함께 여행하세요!